Histoires Courtes en Tchèque

Apprendre l'Tchèque facilement en lisant des histoires courtes

Tereza Svoboda

Contenu

Introduction

Lire dans une langue étrangère est l'un des moyens les plus efficaces d'améliorer ses compétences linguistiques et d'enrichir son vocabulaire. Cependant, il est parfois difficile de trouver des supports de lecture attrayants, d'un niveau approprié, qui procurent un sentiment de réussite et de progrès. La plupart des livres et articles écrits pour des locuteurs natifs peuvent être trop longs et difficiles à comprendre ou contenir un vocabulaire de très haut niveau, de sorte que vous vous sentez dépassé et abandonnez. Si ces problèmes vous sont familiers, alors ce livre est pour vous !

Histoires Courtes en Tchèque est une collection de 25 histoires courtes non conventionnelles et divertissantes qui sont conçues pour aider les apprenants de niveau débutant à intermédiaire Tchèque à améliorer leurs compétences linguistiques.

Ces histoires courtes créent un environnement propice à la lecture en incluant ;

- Un contenu linguistique riche dans différents genres pour vous divertir et vous exposer à une variété de formes de mots.
- Des histoires plus courtes en chapitres pour vous donner la satisfaction de terminer des histoires et de progresser rapidement.
- Des textes écrits à votre niveau afin qu'ils soient plus facilement compréhensibles et ne vous dépassent pas.
- Traduction française sur des pages alternées afin que vous puissiez vous y référer directement ligne par ligne tout en lisant l'histoire Tchèque.
- Le vocabulaire clé est imprimé en gras tout au long

de l'histoire et de la traduction pour vous aider à comprendre plus facilement les mots qui ne vous sont pas familiers.

- Des questions de compréhension pour tester votre compréhension des événements clés et vous encourager à lire plus en détail.

Que vous souhaitiez enrichir votre vocabulaire, améliorer votre compréhension ou simplement lire pour le plaisir, ce livre est le plus grand pas en avant que vous ferez dans vos études cette année. Histoires Courtes en Tchèque vous apportera tout le soutien dont vous avez besoin, alors asseyez-vous, détendez-vous et laissez libre cours à votre imagination en vous laissant transporter dans un monde magique d'aventures, de mystères et d'intrigues - en Tchèque!

Comment utiliser ce livre

La lecture est un talent difficile à maîtriser. Nous utilisons toute une série de micro-compétences pour nous aider à lire dans notre langue maternelle. Par exemple, nous pouvons parcourir un passage pour en comprendre le sens, ou l'essentiel. Nous pouvons aussi passer au peigne fin les nombreuses pages d'un horaire de train à la recherche d'une heure ou d'un lieu précis. Si ces micro-compétences sont une seconde nature lorsque nous lisons dans notre langue maternelle, les recherches révèlent que nous en oublions souvent la plupart lorsque nous lisons dans une langue étrangère. Lorsque nous apprenons une langue étrangère, nous commençons généralement par le début d'un texte et le parcourons en essayant de comprendre chaque mot. Inévitablement, nous rencontrons des termes peu familiers ou complexes et nous sommes gênés par notre incapacité à les comprendre.

L'un des principaux avantages de la lecture dans une langue étrangère est que vous êtes exposé à un grand nombre de phrases et d'expressions utilisées dans des situations quotidiennes. La lecture extensive est un terme utilisé pour décrire la lecture pour le plaisir dans le but d'apprendre une langue. En d'autres termes, la lecture approfondie de manuels scolaires aide généralement à l'apprentissage des règles de grammaire et d'un vocabulaire particulier, mais la lecture extensive d'histoires aide à l'apprentissage du langage naturel.

Histoires Courtes en Tchèque vous donnera l'occasion d'en apprendre davantage sur la langue naturelle Tchèque en usage, même si vous avez peut-être commencé votre voyage d'apprentissage des langues

uniquement avec des manuels. Voici quelques conseils à garder à l'esprit lorsque vous lirez les histoires de ce livre pour en tirer le meilleur parti : Lorsqu'il s'agit de lire, le plaisir et le sentiment d'accomplissement sont essentiels. Vous en redemandez parce que vous aimez ce que vous lisez. Lire chaque histoire du début à la fin est la meilleure méthode pour prendre plaisir à lire des histoires et se sentir accompli. Par conséquent, la chose la plus cruciale est d'arriver à la fin d'une histoire. C'est en fait plus important que de connaître chaque mot.

Plus vous lisez, plus vous acquerrez de connaissances. Vous aurez rapidement une connaissance du fonctionnement de la Tchèque si vous lisez de gros livres pour le plaisir. Cependant, gardez à l'esprit que pour tirer tous les bénéfices d'une lecture extensive, vous devez d'abord lire un volume suffisamment important. Lire quelques pages ici et là peut vous apprendre quelques nouveaux mots, mais cela ne fera pas une différence significative dans votre niveau global de Tchèque.

Acceptez le fait que vous ne comprendrez pas tout ce que vous lisez dans un roman. C'est, sans aucun doute, le point le plus crucial ! N'oubliez jamais que le fait de ne pas comprendre tous les mots ou toutes les phrases est tout à fait acceptable. Cela ne signifie pas que vos compétences linguistiques sont insuffisantes ou que vos résultats sont médiocres. Cela indique que vous participez activement au processus d'apprentissage.

Guide de lecture

Afin de tirer le meilleur parti de la lecture d'Histoires Courtes en Tchèque, il est préférable que vous suiviez ce processus de lecture simple en six étapes pour chaque chapitre des histoires :

1. Lisez le titre du chapitre. Réfléchissez à ce que pourrait être le sujet de l'histoire. Puis lisez l'histoire jusqu'au bout. Votre objectif est simplement d'atteindre la fin de l'histoire. Par conséquent, ne vous arrêtez pas pour chercher des mots et ne vous inquiétez pas s'il y a des choses que vous ne comprenez pas. Essayez simplement de suivre l'intrigue.

2. Lorsque vous arrivez à la fin de l'histoire, parcourez la traduction française pour voir si vous avez compris ce qui s'est passé et reprenez tout contexte qui vous aurait échappé.

3. Revenez en arrière et relisez la même histoire. Si vous le souhaitez, vous pouvez vous concentrer davantage sur les détails de l'histoire qu'auparavant, mais sinon, lisez-la simplement une fois de plus.

4. Ensuite, répondez aux questions de compréhension en Tchèque pour vérifier votre compréhension des événements clés de l'histoire. Si vous ne comprenez pas entièrement les questions, ne vous inquiétez pas. Utilisez vos connaissances pour répondre du mieux que vous pouvez.

5. A ce stade, vous devriez avoir une certaine compréhension des principaux événements du chapitre. Si ce n'est pas le cas, vous pouvez relire le chapitre

plusieurs fois en utilisant la traduction pour vérifier les mots et les phrases inconnus jusqu'à ce que vous vous sentiez en confiance.

Une fois que vous êtes prêt et sûr d'avoir compris ce qui s'est passé - que ce soit après une ou plusieurs lectures de l'histoire - passez à l'histoire suivante et continuez à apprécier l'histoire à votre propre rythme, comme vous le feriez pour n'importe quel autre livre.

Ce n'est qu'une fois que vous avez terminé une histoire dans son intégralité que vous pouvez envisager de revenir en arrière et d'étudier le langage de l'histoire plus en profondeur si vous le souhaitez. Au lieu de vous inquiéter de tout comprendre, prenez le temps de vous concentrer sur ce que vous avez compris et de vous féliciter pour tout ce que vous avez fait.

Histoires Courtes

en Tchèque

Tereza Svoboda

Pražský hrad

První, co mě na Pražském hradě zaujalo, byla jeho velikost. Tyčil se nad městem, mohutná **stavba z** kamene a malty. Když jsem procházel branou a vcházel na nádvoří, cítil jsem úctu. Hrad byl jako z pohádky, s věžičkami a věžičkami sahajícími až k **nebi**. Hodiny jsem se toulal po hradě a prozkoumával každé jeho zákoutí. Obdivovala jsem složité kamenické práce, krásné malby na stěnách a nádherný výhled na Prahu z vrcholků **věží**. Když se začalo stmívat, ocitl jsem se před posledními dveřmi vedoucími do něčeho, co vypadalo jako opuštěná část hradu. Zvědavost zvítězila a já prošel **dveřmi** a vstoupil do tmy za nimi.

Pocítil jsem náhlý chlad, jako bych vstoupil na **chladné**, temné místo. Jediné světlo vycházelo ze slabé záře vycházející odněkud z hloubi hradu. Začal jsem kráčet směrem ke světlu a mé kroky se odrážely v prázdnotě kolem mě. Když jsem se přiblížila, viděla jsem, že světlo vychází ze staromódní lampy zavěšené na zdi. Vedle ní byly mírně pootevřené dveře. **Škvírou** ve dveřích jsem viděla další místnost osvětlenou svíčkami. Odstrčil jsem dveře a opatrně vstoupil do místnosti. Vypadalo to na nějakou knihovnu nebo pracovnu, soudě podle všech **polic s knihami, které** lemovaly stěny pokryté prachovými deskami. Přede mnou stál

Château de Prague

La première chose qui m'a frappé au sujet du château de Prague, c'est sa taille. Il domine la ville, une **structure** massive de pierre et de mortier. J'ai ressenti un sentiment d'admiration en franchissant les portes et en entrant dans la cour. Le château était comme sorti d'un conte de fées, avec ses tourelles et ses flèches s'élevant vers le **ciel**. J'ai erré pendant des heures, explorant tous les coins et recoins du château. Je me suis émerveillé devant la complexité de la maçonnerie, les magnifiques peintures sur les murs et la vue imprenable sur Prague du haut des **tours**. Alors que la nuit commençait à tomber, je me suis retrouvé devant une dernière porte menant à ce qui semblait être une partie abandonnée du château. La curiosité l'a emporté et j'ai franchi la **porte** pour entrer dans l'obscurité.

J'ai ressenti un frisson soudain, comme si j'étais entré dans un endroit **froid** et sombre. La seule lumière provenait d'une faible lueur émanant de quelque part au fond du château. J'ai commencé à marcher vers la lumière, mes pas résonnant dans le vide qui m'entourait. En m'approchant, j'ai pu voir que la lumière provenait d'une lampe ancienne accrochée à un mur. À côté d'elle, il y avait une porte légèrement entrouverte. Par la **fente** de la porte, je pouvais voir une autre pièce

velký stůl zavalený papíry a za ním starobyle vypadající **kožené** křeslo. Najednou jsem zaslechl, jak v jednom rohu místnosti někdo prudce zakašlal. Poplašeně jsem se otočil směrem, odkud hluk vycházel, jen abych stanul tváří v tvář nejděsivějšímu **stvoření,** jaké si lze představit. Byla to kostra, ale jiná, než jakou jsem kdy viděl.

Měl na sobě potrhané šaty a dlouhý **černý** plášť. Oči mu ve tmě rudě zářily a ústa měl otevřená v tichém výkřiku. Stála jsem jako přimražená strachy, neschopná se pohnout, ba ani vykřiknout. Kostlivec se ke mně začal pomalu přibližovat a jeho **kostnaté** prsty se natahovaly po mém hrdle. Zavřel jsem oči a čekal na konec, ale ten nepřicházel. Když jsem se je odvážila znovu otevřít, kostlivec byl pryč a já se ocitla v místnosti opět sama. Otřesená jsem se vydala zpátky. Když jsem opouštěla **hrad,** nemohla jsem si pomoct, ale cítila jsem, že něco není v pořádku. Na tom místě bylo něco, co ve mně vyvolávalo nepříjemný pocit.

éclairée par des bougies. J'ai poussé la porte et suis entré dans la pièce avec précaution. Cela semblait être une sorte de bibliothèque ou de bureau, à en juger par toutes les **étagères** qui bordaient les murs recouverts de feuilles de poussière. Devant moi se trouvait un grand bureau empilé de papiers et un fauteuil **en cuir d'**aspect ancien derrière lui. Soudain, j'ai entendu quelqu'un tousser violemment dans un coin de la pièce. Alarmé, je me suis tourné vers la direction du bruit pour tomber nez à nez avec la **créature** la plus terrifiante qui soit. C'était un squelette, mais pas comme ceux que j'avais vus auparavant.

Il portait des vêtements en lambeaux et une longue cape **noire**. Ses yeux brillaient d'une lueur rouge dans l'obscurité, et sa bouche était ouverte dans un cri silencieux. Je suis restée figée de peur, incapable de bouger ou même de crier. Le squelette a lentement commencé à s'avancer vers moi, ses doigts **osseux** atteignant ma gorge. J'ai fermé les yeux, attendant la fin, mais elle n'est jamais venue. Lorsque j'ai osé les rouvrir, le squelette avait disparu et je me suis retrouvée seule dans la pièce. Secoué, j'ai pris le chemin du retour. En quittant le **château, je ne pouvais** m'empêcher de penser que quelque chose n'allait pas. Il y avait quelque chose dans cet endroit qui me mettait mal à l'aise.

Otázky s porozuměním

1. Co vypravěče na Pražském hradě zaujalo jako první?

2. Jak se vypravěč cítil, když procházeli branou na nádvoří hradu?

3. Jak vypadá hrad?

4. Co dělá vypravěč uvnitř hradu?

5. Co vypravěč vidí, když vstoupí do knihovny/studovny?

6. Popište bytost, kterou vypravěč vidí v knihovně/studovně.

7. Co se stane s tvorem, když vypravěč zavře oči?

8. Jak se vypravěč cítí, když opouštějí hrad?

9. Proč vypravěč říká, že se na Pražský hrad už nikdy nevrátí?

10. Myslíte si, že si vypravěč bytost, kterou viděl v knihovně/studovně, vymyslel, nebo byla skutečná?

Questions de compréhension

1. Quelle est la première chose qui a frappé le narrateur à propos du Château de Prague ?

2. Qu'a ressenti le narrateur lorsqu'il a franchi les portes pour entrer dans la cour du château ?

3. À quoi ressemble le château ?

4. Que fait le narrateur à l'intérieur du château ?

5. Que voit le narrateur lorsqu'il entre dans la bibliothèque/étude ?

6. Décrivez la créature que le narrateur voit dans la bibliothèque/étude.

7. Qu'arrive-t-il à la créature lorsque le narrateur ferme les yeux ?

8. Que ressent le narrateur lorsqu'ils quittent le château ?

9. Pourquoi le narrateur dit-il qu'ils ne reviendront plus jamais au Château de Prague ?

10. Pensez-vous que le narrateur a imaginé la créature qu'il a vue dans la bibliothèque/étude, ou pensez-vous qu'elle était réelle ?

Guláš

Byl chladný zimní večer a Guláš pociťoval mimořádný hlad. Celý den byl na lovu, ale podařilo se mu chytit jen pár **zajíců**. Když se blížil ke svému domu, viděl okny teplou záři ohně a cítil vůni výborného guláše, který vařila jeho žena. Když vstoupil do domu, zakručelo mu v břiše. "Á, tady jsi," řekla jeho žena, "zrovna jsem se chystala na talíř." Guláš se posadil ke stolu a s chutí se pustil do **večeře**. Guláš chutnal ještě lépe, než voněl, a brzy uklidil **talíř**. Spokojeně se opřel a spokojeně si odfrkl. "To byl dobrý guláš, drahá," řekl. "Nevím, co bych si bez tebe počal."

Jeho žena se usmála a začala uklízet talíře. Guláš si přitom koutkem oka všiml pohybu. Otočil se a spatřil velkou krysu, jak se plazí po podlaze směrem ke zbytkům jídla na talíři. Bez přemýšlení natáhl ruku a chytil **krysu** za ocas. Vyděšeně zakvičela, když s ní zatočil a pak ji vyhodil z otevřených dveří do chladného nočního vzduchu. "Gulá!" vykřikla jeho žena v šoku. "Co to proboha děláš?" Guláš ovčácky pokrčil rameny. "Nevím," odpověděl, "jen mi to v tu chvíli přišlo jako dobrý nápad." Druhý den se Gúláš opět vydal na **lov.** Tentokrát byl odhodlaný ulovit jelena. Sledoval jednoho z nich celé hodiny po lese, ale vždy se mu podařilo zůstat těsně mimo dosah. Když se začalo stmívat,

Guláš

C'était une froide soirée d'hiver, et Guláš avait particulièrement faim. Il avait chassé toute la journée mais n'avait réussi à attraper que quelques **lapins**. En approchant de sa maison, il pouvait voir la lueur chaude du feu à travers les fenêtres et sentir le délicieux goulasch de sa femme en train de cuire. Son estomac grogne lorsqu'il entre dans la maison. "Ah, tu es là", dit sa femme, "j'étais sur le point de servir". Guláš s'est assis à la table et a dégusté son **dîner** avec impatience. Le goulasch était encore meilleur qu'il ne l'avait senti, et il n'a pas tardé à vider son **assiette**. Il s'est penché en arrière, satisfait, et a laissé échapper un rot satisfait. "C'était une bonne goulache, ma chère", dit-il. "Je ne sais pas ce que je ferais sans toi."

Sa femme a souri et a commencé à débarrasser les assiettes. Pendant qu'elle le faisait, Guláš a remarqué un mouvement du coin de l'œil. Il se retourne et voit un gros rat qui court sur le sol en direction des restes de nourriture dans son assiette. Sans réfléchir, il a tendu le bras et attrapé le **rat** par la queue. Il couine de terreur et le fait tourner en rond avant de le jeter dans l'air froid de la nuit par la porte ouverte. "Gulá !" s'écrie sa femme, choquée. "Mais qu'est-ce que tu fais ?" Guláš a haussé les épaules d'un air penaud. "Je ne sais pas",

konečně jelena zahnal do kouta na mýtině. Stál tam roztřesený, oči vytřeštěné **strachem**. Guláš na okamžik pocítil soucit se zvířetem, ale pak mu zakručelo v žaludku a on věděl, co musí udělat. Zamířil a vystřelil šíp, ale v poslední vteřině jelen uskočil na stranu a šíp ho jen škrábl do **boku**. Jelen se rozběhl do lesa a Guláš ho horlivě pronásledoval.

Najednou se pod ním propadla zem a on se ocitl ve skryté **rokli**. Když se Guláš probral, ležel na zádech na dně rokle a zíral na hvězdy nad hlavou. Bolela ho hlava, a když se pokusil pohnout, bolest mu projela tělem jako **blesk**. Při tom pádu si musel něco zlomit, pomyslel si chmurně. Nebylo možné, aby se sám vyšplhal zpátky nahoru. Právě když se Guláš začínal smiřovat se svým osudem, uslyšel shora hlasy a uviděl paprsky baterek odrážející se od stěn rokle. Zaplavila ho úleva, když slabě zvedl baterku do vzduchu, aby dal znamení o pomoc. Záchrannému týmu se podařilo Guláše ze strže dostat, a když se konečně dostal domů, bylo už dávno po **půlnoci**. Jeho žena na něj netrpělivě čekala a mnula si ruce.

a-t-il répondu, "ça m'a juste semblé être une bonne idée sur le moment". Le lendemain, Guláš est reparti à la **chasse**. Cette fois, il était déterminé à attraper un cerf. Il en traqua un pendant des heures dans la forêt, mais il réussissait toujours à rester hors de portée. Alors que la nuit commençait à tomber, il a finalement coincé le cerf dans une clairière. Il se tenait là, tremblant, les yeux écarquillés de **peur**. Guláš a eu un moment de sympathie pour la créature, mais son estomac a grondé et il a su ce qu'il devait faire. Il a visé et tiré sa flèche, mais à la dernière seconde, le cerf a fait un bond sur le côté et la flèche n'a fait qu'effleurer son **flanc**. Le cerf s'est enfui dans les bois, avec Guláš à sa poursuite.

Soudain, le sol s'est dérobé sous lui et il s'est retrouvé à dévaler un **ravin** caché. Quand Guláš a repris ses esprits, il était allongé sur le dos au fond du ravin et regardait les étoiles. Il avait mal à la tête et lorsqu'il essayait de bouger, la douleur lui traversait le corps comme un **éclair**. Il a dû se casser quelque chose dans sa chute, pensa-t-il sombrement. Il n'a aucun moyen de se relever tout seul. Alors que Guláš commençait à accepter son sort, il a entendu des voix venant d'en haut et a vu des rayons de lampes de poche rebondir sur les parois du ravin. Soulagé, il a levé faiblement sa torche en l'air pour appeler à l'aide. L'équipe de secours a réussi à sortir Guláš du ravin, et lorsqu'il est enfin rentré chez lui, il était **minuit** passé. Sa femme l'attendait anxieusement, se tordant les mains.

Otázky s porozuměním

1. Co chce hlavní hrdina udělat?

2. Proč to hlavní hrdina cítí?

3. Jak se hlavní hrdina cítí po svém rozhodnutí?

4. Co udělá hlavní hrdina dál?

5. Jaký je cíl hlavního hrdiny?

6. Jak chce hlavní hrdina tohoto cíle dosáhnout?

7. Jaké překážky stojí hlavnímu hrdinovi v cestě?

8. Jak hlavní hrdina překonává tyto překážky?

9. Jaké je vyvrcholení příběhu?

10. Jaké je rozuzlení příběhu?

Questions de compréhension

1. Que veut faire le protagoniste ?

2. Pourquoi le protagoniste se sent-il ainsi ?

3. Comment le protagoniste ressent-il sa décision ?

4. Que fait le protagoniste ensuite ?

5. Quel est l'objectif du protagoniste ?

6. Comment le protagoniste envisage-t-il d'atteindre cet objectif ?

7. Quels sont les obstacles sur le chemin du protagoniste ?

8. Comment le protagoniste surmonte-t-il ces obstacles ?

9. Quel est le point culminant de l'histoire ?

10. Quelle est la résolution de l'histoire ?

Katedrála svatého Víta

Katedrála svatého Víta se tyčila nad městem jako temný **monolit**. Říkalo se, že katedrála byla postavena na prokleté půdě, a zdálo se, že vyzařuje auru předtuchy. Nikdo přesně nevěděl, co se v jejích zdech děje, ale kolovaly o ní zvěsti... strašlivé zvěsti. Někteří říkali, že kněží obětovali děti Satanovi, jiní tvrdili, že prováděli nevýslovné rituály zahrnující **krev** a smrt. Po setmění se do katedrály nikdo neodvážil vstoupit, protože se bál, co by v jejích stinných prostorách mohl najít. Jednoho večera se mladá žena jménem Sarah rozhodla odvážně vstoupit do temnoty katedrály svatého Víta. Vždy ji fascinovaly příběhy, které o ní slyšela, a chtěla se přesvědčit, zda je na nich něco **pravdy.**

Když se blížila k impozantní stavbě, cítila, jak jí srdce buší v hrudi. Ruka se jí třásla, když sahala po klice, ale ovládla se a otevřela těžké dveře. Sarah se ocitla ve **velké** lodi lemované řadami lavic, které vedly k oltáři, u něhož stála socha samotného Satana obklopená svícemi hořícími černými plameny. Zaplavil ji pocit strachu, když si uvědomila, že možná udělala chybu, když sem přišla sama. Náhle uslyšela **kroky, které** se

Cathédrale St. Vitus

La cathédrale Saint-Guy domine la ville comme un **monolithe** sombre. On disait que la cathédrale avait été construite sur un sol maudit, et elle semblait dégager une aura de mauvais augure. Personne ne savait exactement ce qui se passait entre ses murs, mais il y avait des rumeurs... de terribles rumeurs. Certains disaient que les prêtres sacrifiaient des enfants à Satan, tandis que d'autres affirmaient qu'ils pratiquaient des rituels innommables impliquant le **sang** et la mort. Personne n'osait entrer dans la cathédrale après la tombée de la nuit, de peur de ce qu'ils pourraient trouver dans ses confins sombres. Un soir, une jeune femme nommée Sarah a décidé de braver l'obscurité de la cathédrale Saint-Guy. Elle avait toujours été fascinée par les histoires qu'elle avait entendues à son sujet, et elle voulait voir si elles étaient **vraies**.

En s'approchant de l'imposante structure, elle sent son cœur s'emballer dans sa poitrine. Sa main tremble lorsqu'elle saisit la poignée de la porte, mais elle se ressaisit et pousse la lourde porte. Sarah se retrouve dans une **grande** nef bordée de rangées de bancs

ozývaly prázdným kostelem, a někdo ji zezadu popadl! Sarah se snažila vyprostit ze sevření útočníka, ale nebylo to nic platné. Ten, kdo ji popadl, byl příliš silný. Pokusila se křičet o pomoc, ale **ruka** jí sevřela ústa a ztlumila její výkřik. Byla vlečena k oltáři, kde se tyčila velká a hrozivá socha Satana. Její únosce ji přinutil pokleknout před sochou a pak jí **provazem** svázal ruce za zády. Sára cítila, jak jí v žilách koluje hrůza, když si uvědomila, že bude obětována.

menant à un autel où se trouve une statue de Satan lui-même, entourée de cierges aux flammes noires. Un sentiment d'effroi l'envahit alors qu'elle réalise qu'elle a peut-être fait une erreur en venant ici seule. Soudain, elle entend des **bruits de pas** qui résonnent dans l'église vide, et quelqu'un l'attrape par derrière ! Sarah a lutté pour se libérer de l'emprise de son agresseur, mais c'était inutile. Celui qui l'a attrapée était bien trop fort. Elle a essayé de crier à l'aide, mais une **main** s'est refermée sur sa bouche, étouffant ses cris. Elle est traînée vers l'autel où la statue de Satan se dresse, grande et menaçante. Son ravisseur l'a forcée à s'agenouiller devant la statue, puis a attaché ses mains derrière son dos avec une **corde**. Sarah sent la terreur monter dans ses veines lorsqu'elle réalise qu'elle va être sacrifiée.

Otázky s porozuměním

1. Co katedrála představuje?

2. Co představuje černá mlha?

3. Jaký význam mají svíčky?

4. Kdo je Sára?

5. Jaký význam má socha?

6. Jaký význam mají kněží?

7. Jaký je význam rituálu?

8. Jaký je význam oběti?

9. Jaký je výsledek příběhu?

10. Jaké je ponaučení z příběhu?

Questions de compréhension

1. Que représente la cathédrale ?

2. Que représente la brume noire ?

3. Quelle est la signification des bougies ?

4. Qui est Sarah ?

5. Quelle est la signification de la statue ?

6. Quelle est la signification des prêtres ?

7. Quelle est la signification de ce rituel ?

8. Quelle est la signification du sacrifice ?

9. Quel est le résultat de l'histoire ?

10. Quelle est la morale de cette histoire ?

Lov hub

Když jsem vstoupil do lesa, bylo v něm strašidelné ticho. Jediným zvukem bylo křupání **listí** pod mýma nohama. Na houby jsem chodil už dřív, ale nikdy ne sám. Srdce se mi rozbušilo o něco rychleji, když jsem zkoumala půdu a hledala stopy po **houbách**. Najednou jsem zahlédl, jak zpod kmene něco vyčuhuje. Byl to malý bílý hřib s červenými skvrnami! Opatrně jsem ho zvedl a vložil do košíku. Jak jsem pokračoval v chůzi, nacházel jsem další a další houby. Brzy jsem měl plný košík! Vrátil jsem se k autu, abych kamarádům ukázal, co jsem našel. Když jsem se vrátil k autu, kamarádi už **nebyli k** nalezení. Volal jsem na ně jménem, ale nikdo se neozýval. Kam mohli jít? Rozhodl jsem se na ně počkat v **autě**.

Po několika minutách se mi začalo chtít spát. Zanedlouho jsem usnul hlubokým spánkem. Probudil mě hlasitý zvuk. Znělo to, jako by někdo **křičel**! Pomalu jsem otevřel oči a uviděl, že dveře auta jsou vytržené z pantů! Venku stálo velké stvoření a dívalo se na mě svýma **jasně** červenýma očima. Než se natáhlo dovnitř a vytáhlo mě z auta, vydalo další uši rvoucí výkřik! Vzápětí jsem si uvědomil, že ležím na zemi přímo před tím tvorem. Jeho obličej byl jen pár centimetrů od

Chasse aux champignons

Les bois étaient sinistrement silencieux quand j'y suis entré. Le seul son était le craquement des **feuilles** sous mes pieds. J'avais déjà été à la chasse aux champignons, mais jamais seul. Mon cœur battait un peu plus vite tandis que je scrutais le sol à la recherche de **champignons**. Soudain, j'ai vu quelque chose sortir de dessous un tronc. C'était un petit champignon blanc avec des taches rouges ! Avec précaution, je l'ai ramassé et mis dans mon panier. En continuant à marcher, j'ai trouvé de plus en plus de champignons. Bientôt, mon panier était plein ! Je suis retourné à la voiture pour montrer à mes amis ce que j'avais trouvé. Quand je suis revenu à la voiture, mes amis étaient **introuvables**. J'ai crié leurs noms, mais ils n'ont pas répondu. Où avaient-ils pu aller ? J'ai décidé de les attendre dans la **voiture**.

Après quelques minutes, j'ai commencé à avoir sommeil. Avant longtemps, j'ai sombré dans un profond sommeil. J'ai été réveillé par un bruit fort. On aurait dit que quelqu'un **criait** ! Lentement, j'ai ouvert les yeux et j'ai vu que la porte de la voiture avait été arrachée de ses gonds ! Une grande créature se tenait à l'extérieur et me regardait de ses yeux rouge **vif**. Elle a poussé

mého, jak na mě upřeně zíral svýma rudýma očima. Pak se pomalu natáhlo dopředu a popadlo jednu z hub z mého košíku... a snědlo ji! Sledoval jsem, jak zhltlo **několik** dalších hub, než se otočilo a zmizelo v lese, zanechávajíc mě samotného a vyděšeného.

Trvalo několik hodin, než jsem konečně sebral odvahu a pohnul se. Celé tělo se mi třáslo, když jsem se pomalu postavila na nohy. Auto bylo **zničené a** po mých přátelích nebylo nikde ani stopy. Co se stalo? Bylo to stvoření opravdu skutečné, nebo se mi to jen zdálo? Existoval jen jeden způsob, jak to zjistit. Nejistě jsem se vydal zpátky do lesa. Nevím, co mě vedlo k tomu, abych se vrátil, ale vrátil jsem se. A jsem ráda, že jsem to udělala, protože tam jsem našla své **přátele**! I je napadla ta příšera a byli stejně vyděšení jako já. Společně jsme se dostali z **lesa a** slíbili si, že už nikdy nepůjdeme na houby!

un autre cri perçant avant d'atteindre l'intérieur de la voiture et de me tirer hors de celle-ci ! L'instant d'après, j'étais allongé sur le sol en face de la créature. Son visage n'était qu'à quelques centimètres du mien et elle me fixait intensément de ses yeux rouges. Puis elle s'est lentement avancée et a attrapé un des champignons de mon panier... et l'a mangé ! Je l'ai regardé engloutir **plusieurs** autres champignons avant de se retourner et de disparaître dans les bois, me laissant seule et terrifiée.

Il a fallu des heures avant que je trouve enfin le courage de bouger. Tout mon corps tremblait alors que je me mettais lentement debout. La voiture était **détruite**, et il n'y avait aucun signe de mes amis nulle part. Que s'était-il passé ? Cette créature était-elle vraiment réelle ou l'avais-je simplement imaginée ? Il n'y avait qu'une seule façon de le découvrir. Tentativement, j'ai commencé à retourner dans les bois. Je ne sais pas ce qui m'a poussé à y retourner, mais je l'ai fait. Et je suis content de l'avoir fait, car c'est là que j'ai trouvé mes **amis** ! Ils avaient aussi été attaqués par la créature et étaient tout aussi effrayés que moi. Ensemble, nous sommes sortis des **bois** et avons juré de ne plus jamais aller à la chasse aux champignons !

Otázky s porozuměním

1. Co najde hlavní hrdina v lese?

2. Jak se hlavní hrdina cítí, když loví houby sám?

3. Co udělá hlavní hrdina, když zjistí, že se jeho přátelé ztratili?

4. Proč si hlavní hrdina nedělá starosti, když usne v autě?

5. Co se stane, když se hlavní hrdina probudí?

6. Jak tvor reaguje na houby?

7. Kde se nacházejí přátelé hlavního hrdiny?

8. Proč si přátelé slíbí, že už nikdy nepůjdou na houby?

9. Co myslíte, že vedlo hlavního hrdinu k tomu, aby se vrátil do lesa?

10. Myslíte si, že to stvoření bylo skutečné, nebo vymyšlené?

Questions de compréhension

1. Que trouve le protagoniste dans les bois ?

2. Que ressent le protagoniste à l'idée de chasser seul les champignons ?

3. Que fait le protagoniste lorsqu'il découvre que ses amis ont disparu ?

4. Pourquoi le protagoniste ne s'inquiète-t-il pas lorsqu'ils s'endorment dans la voiture ?

5. Que se passe-t-il lorsque le protagoniste se réveille ?

6. Comment la créature réagit-elle aux champignons ?

7. Où se trouvent les amis du protagoniste ?

8. Pourquoi les amis jurent-ils de ne plus jamais aller à la chasse aux champignons ?

9. A votre avis, qu'est-ce qui a poussé le protagoniste à retourner dans les bois ?

10. Pensez-vous que la créature était réelle ou imaginaire ?

Klementinum

Klementinum je krásná stará knihovna v centru Prahy. Byla založena v 16. století a od té doby je centrem vzdělanosti. Dnes se v ní nachází více než 20 000 knih a je jedním z nejoblíbenějších **turistických** cílů ve městě. Jednoho letního dne přišla Klementinum navštívit mladá žena jménem Eva. Vždycky milovala knihy a byla nadšená, že si může prohlédnout takové historické místo. Když procházela **chodbami,** nemohla si nevšimnout všech lidí, kteří si v klidu četli nebo pracovali u stolů. Bylo zřejmé, že jde o místo, kde se **znalosti** vysoce cení. Nakonec se Eva dostala do hlavní čítárny, kde spatřila něco neuvěřitelného: celou stěnu zaplněnou regály a **policemi** knih!

Stěží ovládala své **vzrušení,** když začala procházet tituly. Po chvíli ji jedna konkrétní kniha vtáhla do úplně jiného světa. Kniha se jmenovala Letopisy Narnie: Lev, čarodějnice a skříň". Eva ji nikdy předtím nečetla, ale příběh ji rychle **pohltil.** Četla o čtyřech dětech, které se skrze skříň dostanou do kouzelného světa a zažívají nejrůznější dobrodružství. Když otáčela každou stránku, měla pocit, že je tam s nimi a všechno prožívá na vlastní kůži. Nakonec Eva došla na konec knihy a neochotně ji zavřela. Ještě chvíli seděla a nechala svou **mysl**, aby se vrátila ke všemu, co právě přečetla. Byl

Le Clementinum

Le Clementinum est une magnifique bibliothèque ancienne située au cœur de Prague. Elle a été fondée au XVIe siècle et est depuis lors un centre d'apprentissage. Aujourd'hui, elle abrite plus de 20 000 livres et constitue l'une des destinations **touristiques les** plus populaires de la ville. Un jour d'été, une jeune femme nommée Eva est venue visiter le Clementinum. Elle avait toujours aimé les livres et était impatiente de découvrir un lieu aussi historique. En traversant les **couloirs, elle ne pouvait** s'empêcher de remarquer toutes les personnes qui lisaient tranquillement ou travaillaient à leur bureau. Il était clair que c'était un endroit où le **savoir** était très apprécié. Eva a fini par arriver dans la salle de lecture principale, où elle a vu quelque chose d'incroyable : un mur entier rempli d'étagères et d'**étagères** de livres !

Elle pouvait à peine contenir son **excitation** alors qu'elle commençait à parcourir les titres. Au bout d'un moment, elle s'est retrouvée entraînée dans un autre monde par un livre en particulier. Le livre s'appelait "Les Chroniques de Narnia : Le lion, la sorcière et l'armoire". Eva ne l'avait jamais lu auparavant, mais elle s'est rapidement **passionnée pour** l'histoire. Elle a lu l'histoire de quatre enfants qui entrent dans un

to úžasný zážitek, na který nikdy nezapomene. Když Eva opouštěla Klementinum, měla pocit, že se její mysl **rozšířila**.

Nyní má ještě větší zájem o **čtení** a učení než dříve. Knihovna rozhodně dostála své pověsti a ona věděla, že se sem brzy vrátí. Když Eva přišla do Klementina příště, přinesla si s sebou knihu, kterou chtěla vrátit. Byla ráda, že může přispět na tak **úžasné** místo, a těšila se, že najde další knihy, ve kterých se bude moci ztratit. Klementinum je součástí Evina života již mnoho let. Je to její **šťastné** místo, kam může utéct před každodenním shonem. Stále ráda nachází nové knihy ke čtení a vždy se těší na další návštěvu.

monde magique à travers une armoire et vivent toutes sortes d'aventures. En tournant chaque page, elle avait l'impression d'être là, avec eux, et de tout vivre. Finalement, Eva a atteint la fin du livre et l'a refermé à contrecœur. Elle est restée assise un peu plus longtemps, laissant son **esprit** vagabonder sur tout ce qu'elle venait de lire. C'était une expérience incroyable, qu'elle n'oublierait jamais. En quittant le Clementinum, Eva avait l'impression que son esprit avait été **élargi**.

Elle est maintenant encore plus intéressée qu'avant par la **lecture** et l'apprentissage. La bibliothèque est vraiment à la hauteur de sa réputation, et elle sait qu'elle reviendra bientôt. La prochaine fois qu'Eva est venue au Clementinum, elle a apporté un livre à rendre. Elle était heureuse de pouvoir contribuer à un endroit aussi **merveilleux** et avait hâte de trouver d'autres livres dans lesquels elle pourrait se perdre. Le Clementinum fait partie de la vie d'Eva depuis de nombreuses années maintenant. C'est son endroit **préféré**, où elle peut se rendre pour échapper à l'agitation de la vie quotidienne. Elle aime toujours trouver de nouveaux livres à lire et se réjouit toujours de sa prochaine visite.

Otázky s porozuměním

1. Co je Klementinum?

2. Jak dlouho je Klementinum na světě?

3. Co všechno můžete v Klementinu dělat?

4. Jak vypadá hlavní čítárna?

5. Jakou knihu Eva četla?

6. Jaký byl Evin zážitek po přečtení knihy?

7. Jak často chodí Eva do Klementina?

8. Co Eva ráda dělá v Klementinu?

9. Co pro Evu znamená Klementinum?

10. Co má Eva v Klementinu nejraději?

Questions de compréhension

1. Qu'est-ce que le Clementinum ?

2. Depuis combien de temps le Clementinum existe-t-il ?

3. Quelles sortes de choses pouvez-vous faire au Clementinum ?

4. Comment est la salle de lecture principale ?

5. Quel livre Eva a-t-elle lu ?

6. Quelle a été l'expérience d'Eva après avoir lu le livre ?

7. Combien de fois Eva va-t-elle au Clementinum ?

8. Qu'est-ce qu'Eva aime faire au Clementinum ?

9. Que représente le Clementinum pour Eva ?

10. Qu'est-ce qu'Eva préfère dans le Clementinum ?

Sametová revoluce

Byl chladný zimní den v Praze, když začala sametová revoluce. Skupina **studentů** se sešla, aby protestovala proti komunistické vládě a požadovala reformy. Přidali se k nim dělníci a další občané, kteří měli represivního režimu plné zuby. **Policie** se snažila demonstraci rozehnat, ale byla v přesile. Lidé pokračovali v pochodu ulicemi a skandovali, že chtějí změnu. Druhý den se k **protestům** připojili další lidé. Hnutí nabíralo na **síle, protože se do něj** zapojovalo stále více lidí.

Úřady reagovaly vysláním tanků a vojáků, ale setkaly se s odporem protestujících. Lidé si pevně stáli za svými požadavky na demokracii a svobodu a nakonec zvítězili. Po týdnech pokojných demonstrací se Československo opět stalo svobodnou **zemí.** Byla to dlouhá a obtížná cesta, ale nakonec byli svobodní. Lidé v Československu svrhli komunistickou vládu a znovu získali demokracii. Byl to **významný** úspěch, který by nebyl možný bez odvahy a odhodlání protestujících. Nyní mohli konečně začít obnovovat svou zemi a vytvářet lepší budoucnost pro všechny. Sametová revoluce byla zlomovým bodem v českých **dějinách.** Ukázala, že lidé již nebudou tolerovat utlačovatelský režim, a vydláždila cestu k demokracii a **svobodě.**

La révolution de velours

C'est par une froide journée d'hiver à Prague que la révolution de velours a commencé. Un groupe d'**étudiants** s'était réuni pour protester contre le gouvernement communiste et demander des réformes. Ils ont été rejoints par des travailleurs et d'autres citoyens qui en avaient assez du régime répressif. La **police a** tenté de disperser la manifestation, mais elle était dépassée en nombre et en efficacité. Les gens ont continué à défiler dans les rues en scandant des appels au changement. Le lendemain, d'autres personnes se joignent aux **protestations**. Le mouvement prend de l'**ampleur à mesure que de plus en plus** de personnes s'impliquent.

Les autorités ont répondu en envoyant des chars et des troupes, mais elles se sont heurtées à la résistance des manifestants. Les gens ont tenu bon dans leurs revendications de démocratie et de liberté, et ont fini par l'emporter. Après des semaines de manifestations pacifiques, la Tchécoslovaquie est redevenue un **pays** libre. Le voyage a été long et difficile, mais ils sont enfin libres. Le peuple tchécoslovaque a renversé le gouvernement communiste et retrouvé sa démocratie. C'est une réussite **capitale, qui** n'aurait

Země nyní vzkvétá a její občané **se těší** lepší kvalitě života. Díky statečným protestujícím, kteří se postavili za svá práva, je nyní Československo svobodným a prosperujícím státem. Sametová revoluce byla klíčovým **okamžikem v** dějinách Československa. Přinesla významné změny, které měly pozitivní dopad na zemi a její obyvatele. Protestující projevili velkou **odvahu postavit se** komunistické vládě a jejich úsilí se vyplatilo. Dnes je Československo svobodnou a demokratickou zemí a jeho občané se těší lepší kvalitě **života**.

pas été possible sans le courage et la détermination des manifestants. Maintenant, ils pouvaient enfin commencer à reconstruire leur pays et à créer un meilleur avenir pour tous. La révolution de velours a marqué un tournant dans l'**histoire de la** République tchèque. Elle a montré que le peuple ne tolérerait plus un régime oppressif et a ouvert la voie à la démocratie et à la **liberté**.

Le pays est désormais prospère et ses citoyens **jouissent d'une** meilleure qualité de vie. Grâce aux courageux manifestants qui ont défendu leurs droits, la Tchécoslovaquie est désormais une nation libre et prospère. La révolution de velours a été un **moment** décisif dans l'histoire de la Tchécoslovaquie. Elle a entraîné des changements importants qui ont eu un impact positif sur le pays et sa population. Les manifestants ont fait preuve d'un grand **courage** en s'opposant au gouvernement communiste, et leurs efforts ont porté leurs fruits. Aujourd'hui, la Tchécoslovaquie est un pays libre et démocratique, et ses citoyens jouissent d'une meilleure qualité de **vie**.

Otázky s porozuměním

1. Co byla sametová revoluce?

2. Kdo byly hlavní skupiny zapojené do sametové revoluce?

3. Proč tam úřady poslaly tanky a vojáky?

4. Jak reagovali obyvatelé Československa na tanky a vojáky?

5. Jaký byl výsledek sametové revoluce?

6. Jak sametová revoluce ovlivnila Československo?

7. Jak by dnes vypadalo Československo, kdyby nedošlo k sametové revoluci?

8. Co bylo hlavním cílem protestujících?

9. Dosáhli protestující svého cíle?

10. Co bylo zlomovým bodem sametové revoluce?

Questions de compréhension

1. Qu'est-ce que la Révolution de velours ?

2. Quels étaient les principaux groupes impliqués dans la révolution de velours ?

3. Pourquoi les autorités ont-elles envoyé des tanks et des troupes ?

4. Comment la population tchécoslovaque a-t-elle réagi aux chars et aux troupes ?

5. Quel a été le résultat de la révolution de velours ?

6. Comment la révolution de velours a-t-elle affecté la Tchécoslovaquie ?

7. A quoi ressemblerait la Tchécoslovaquie aujourd'hui si la révolution de velours n'avait pas eu lieu ?

8. Quel était le principal objectif des manifestants ?

9. Les manifestants ont-ils atteint leur objectif ?

10. Quel a été le tournant de la Révolution de velours ?

Český ráj

Poprvé jsem Český ráj viděl ve snu. Bylo to **nádherné** místo plné barev a života. Nebe bylo modré, slunce svítilo a květiny kvetly. Procházel jsem se ulicemi Českého ráje a obdivoval architekturu a lidi. Všichni vypadali tak šťastně a bezstarostně. Měla jsem pocit, že tam **patřím.** V Českém ráji jsem narazila na park a posadila se na lavičku, abych si odpočinula. Zavřela jsem oči a zhluboka se nadechla, cítila jsem, jak mě zaplavuje **klid tohoto** místa. Když jsem oči znovu otevřela, uviděla jsem na druhém konci lavičky sedět dívku. Měla tmavé vlasy a jasně modré oči a dívala se na mě s takovou intenzitou, až mi **srdce** poskočilo. Dívali jsme se na sebe snad celou věčnost, než konečně promluvila.

"Vítejte v Českém ráji," řekla tiše. "Jsem ráda, že jsi tady." Probudil jsem se ze **snu a** cítil se divně. Nemohla jsem se zbavit pocitu, že jsem tam už někdy byla, i když jsem věděla, že je to nemožné. To místo mi připadalo tak skutečné a dívčiny **oči se** mi vryly do paměti. Rozhodl jsem se, že se do Českého ráje vypravím, abych se přesvědčil, jestli opravdu existuje. Když jsem dorazil na místo, všechno vypadalo přesně jako v mém snu. Chodil jsem jako omámený a napůl jsem očekával,

Le paradis de la Bohème

La première fois que j'ai vu Bohemian Paradise, c'était dans un rêve. C'était un endroit **magnifique**, plein de couleurs et de vie. Le ciel était bleu, le soleil brillait et les fleurs s'épanouissaient. Je marchais dans les rues du Paradis de Bohème, admirant l'architecture et les gens. Tout le monde semblait si heureux et insouciant. J'avais l'impression d'y **appartenir**. Je suis arrivé dans un parc du Paradis de la Bohème et je me suis assis sur un banc pour me reposer. J'ai fermé les yeux et j'ai respiré profondément, sentant la **paix** de l'endroit m'envahir. Lorsque j'ai rouvert les yeux, j'ai vu une fille assise à l'autre bout du banc. Elle avait des cheveux noirs et des yeux bleus vifs, et elle me regardait avec une intensité qui a fait bondir mon **cœur**. Nous nous sommes regardés pendant ce qui semblait être une éternité avant qu'elle ne parle enfin.

"Bienvenue au Paradis de la Bohème", a-t-elle dit doucement. "Je suis heureuse que tu sois là." Je me suis réveillé de ce **rêve** avec un sentiment étrange. Je n'arrivais pas à me défaire de l'impression que j'étais déjà venu ici, même si je savais que c'était impossible. L'endroit semblait si réel, et les **yeux** de la fille étaient gravés dans ma mémoire. J'ai décidé de

že se dívka znovu objeví. Ale neobjevila se a já se nakonec vrátil domů. Sen mě **pronásledoval** dál a já se do Českého ráje čas od času vracel. Ale ať jsem tam jezdil jakkoli často, dívka se už nikdy neobjevila. A přesto jsem nějak věděl, že na mě **čeká.**

Jednoho dne jsem ji po letech hledání konečně našel. Seděla na stejné lavičce v parku a vypadala přesně tak, jak jsem si ji pamatoval. Znovu jsme se na sebe podívali a tentokrát jsem neodvrátil zrak. "Čekala jsem na tebe," řekla **tiše**. "Vítej doma." Posadil jsem se na lavičku vedle ní a povídali jsme si celé hodiny. Vyprávěl jsem jí o svém životě a ona mně o tom svém. Měl jsem pocit, že ji znám odjakživa. Nakonec začalo zapadat slunce a oba jsme věděli, že je čas jít **každý svou** cestou. Ale než odešla, naposledy se na mě obrátila. "Pamatuj si," řekla tiše, "že tady máš vždycky domov." Už jsem ji nikdy neviděla, ale její slova jsem si navždy pamatovala.

faire un voyage au Paradis de Bohème, juste pour voir s'il existait vraiment. Quand je suis arrivé, tout était exactement comme dans mon rêve. J'ai marché dans un état second, m'attendant à moitié à ce que la fille réapparaisse. Mais elle n'est pas réapparue, et j'ai fini par rentrer chez moi. Le rêve a continué à me **hanter**, et je suis retourné au Paradis de Bohème de temps en temps. Mais peu importe combien de fois j'y suis allé, la fille n'est jamais réapparue. Et pourtant, d'une certaine manière, je savais qu'elle m'**attendait**.

Un jour, après des années de recherche, je l'ai enfin trouvée. Elle était assise sur le même banc dans le parc, et elle était exactement comme dans mon souvenir. Nos regards se sont croisés à nouveau, et cette fois, je n'ai pas détourné les yeux. "Je t'attendais", a-t-elle dit **doucement**. "Bienvenue à la maison." Je me suis assis sur le banc à côté d'elle, et nous avons parlé pendant des heures. Je lui ai parlé de ma vie, et elle m'a parlé de la sienne. J'avais l'impression de la connaître depuis toujours. Finalement, le soleil a commencé à se coucher, et nous savions tous les deux qu'il était temps de prendre des chemins **différents**. Mais avant de partir, elle s'est tournée vers moi une dernière fois. "Rappelle-toi," m'a-t-elle dit doucement, "tu auras toujours un foyer ici." Je ne l'ai jamais revue, mais je me suis toujours souvenu de ses mots.

Otázky s porozuměním

1. Co udělá hlavní hrdinka, když poprvé uvidí dívku v parku?

2. Co cítí hlavní hrdinka, když je v Českém ráji?

3. Co řekne dívka hlavnímu hrdinovi, když se setkají podruhé?

4. Proč se hlavní hrdina stále vrací do Českého ráje?

5. Jak se hlavní hrdinka cítí, když konečně znovu najde dívku?

6. Co řekne dívka hlavnímu hrdinovi před odchodem?

7. Co vidí hlavní hrdinka, když zavře oči?

8. Co v kontextu příběhu znamená slovo "strašit"?

9. Co v kontextu příběhu znamená slovo "omámení"?

10. Co v kontextu příběhu znamená věta "jít každý svou cestou"?

Questions de compréhension

1. Que fait la protagoniste lorsqu'elle voit la fille dans le parc pour la première fois ?

2. Que ressent la protagoniste lorsqu'elle se trouve au Paradis de Bohème ?

3. Que dit la fille au protagoniste lorsqu'ils se rencontrent pour la deuxième fois ?

4. Pourquoi le protagoniste retourne-t-il sans cesse au Paradis de Bohème ?

5. Que ressent la protagoniste lorsqu'elle retrouve enfin la fille ?

6. Que dit la fille au protagoniste avant de partir ?

7. Que voit la protagoniste lorsqu'elle ferme les yeux ?

8. Que signifie le mot "hanter" dans le contexte de l'histoire ?

9. Que signifie le mot "étourdissement" dans le contexte de l'histoire ?

10. Que signifie l'expression "prendre des chemins séparés" dans le contexte de l'histoire ?

Vepo Kndla Zelo

Byl chladný zimní večer a venku jemně padal sníh. Rodina se shromáždila kolem stolu a vychutnávala si teplé jídlo vepo knedlo zelo. Najednou někdo zaklepal na dveře. Kdo to mohl být? Otec vstal, aby otevřel, a zjistil, že na prahu stojí **cizí člověk**. Byl to starý muž s dlouhými bílými vousy a pronikavýma modrýma očima. Představil se jako Vepo Kndla Zelo a řekl, že jim přišel splnit jedno přání. Otec neváhal; přál si, aby jeho **dcera** byla vždy šťastná a zdravá. Vepo Kndla Zelo se vlídně usmál a řekl, že to splní. Pak **zmizel** v **noci** stejně náhle, jako se objevil.

Léta plynula a rodině se dařilo. Dcera vyrostla v krásnou **mladou** ženu a byla stále šťastná a zdravá, přesně jak si její otec přál. Jednoho dne potkala pohledného mladého muže a zamilovali se do sebe. Vzali se a měli spolu dvě krásné děti. Všechno se zdálo být **dokonalé,** ale pak se stala tragédie. Mladý muž onemocněl vzácnou chorobou a neexistoval na ni lék. Dcera dělala vše, co mohla, aby mu pomohla, ale nakonec zemřel a jí zůstalo zlomené srdce. Roky opět plynuly a nyní již dospělé děti dcery si jednoho zimního dne hrály na sněhu, když v parku našly na **lavičce** sedět starého muže. Vypadal přesně jako Vepo Kndla Zelo! Přistoupily k němu, aby si s ním promluvily, a on

Vepo Kndla Zelo

C'était une froide soirée d'hiver et la neige tombait doucement dehors. La famille était réunie autour de la table, dégustant un repas chaud de vepo knedlo zelo. Soudain, on frappe à la porte. Qui cela peut-il être ? Le père se lève pour répondre et trouve un **étranger** sur le pas de la porte. C'était un vieil homme, avec une longue barbe blanche et des yeux bleus perçants. Il se présenta comme Vepo Kndla Zelo et dit qu'il était venu pour leur accorder un souhait. Le père n'a pas hésité, il a souhaité que sa **fille** soit toujours heureuse et en bonne santé. Vepo Kndla Zelo sourit gentiment et dit que ce serait fait. Puis il **disparut** dans la **nuit** aussi soudainement qu'il était apparu.

Les années passèrent et la famille prospéra. La fille devint une belle **jeune** femme, et elle était toujours heureuse et en bonne santé, comme son père l'avait souhaité. Un jour, elle rencontra un beau jeune homme, et ils tombèrent amoureux. Ils se marièrent et eurent deux beaux enfants ensemble. Tout semblait **parfait**, mais la tragédie a frappé. Le jeune homme est atteint d'une maladie rare et incurable. La fille fait tout ce qu'elle peut pour l'aider, mais il finit par mourir, lui laissant le cœur brisé. Les années passèrent à nouveau, et les enfants de la fille, maintenant adultes,

jim řekl, že je to skutečně ten samý člověk, který před lety splnil **přání** jejich babičky.

Řekl, že na ně celé ty roky dohlížel a viděl, jakou bolestí jejich matka po otcově smrti **trpěla, a** tak jí chtěl splnit poslední přání: aby i její děti byly vždy šťastné. A s tím Vepo Kndla Zelo opět zmizel z jejich života. Roky plynuly a děti vyrostly ve šťastné a **zdravé** dospělé. Často myslely na starce, který splnil poslední přání jejich matky, a věděly, že nad nimi bude vždy bdít. Jednoho **chladného** zimního dne seděla nyní již stará matka v houpacím křesle u krbu a přemýšlela o svém životě. Byla tak požehnaná; navzdory všemu smutku a **bolestem, které** zažila, byla vždy obklopena láskou. A věděla, že to všechno díky Vepo Kndla Zelo.

jouaient dans la neige un jour d'hiver lorsqu'ils trouvèrent un vieil homme assis sur un **banc** dans le parc. Il ressemblait exactement à Vepo Kndla Zelo ! Ils s'approchèrent pour lui parler, et il leur dit qu'il était bien la même personne qui avait exaucé le **vœu** de leur grand-mère il y a des années.

Il a dit qu'il avait veillé sur eux toutes ces années et qu'il avait vu combien leur mère avait **souffert** depuis la mort de leur père ; il a donc voulu lui accorder un dernier souhait : que ses enfants soient toujours heureux eux aussi. Et c'est ainsi que Vepo Kndla Zelo disparut à nouveau de leur vie. Les années passèrent et les enfants devinrent des adultes heureux et **en bonne santé**. Ils pensaient souvent au vieil homme qui avait exaucé le dernier souhait de leur mère, et ils savaient qu'il veillerait toujours sur eux. Par une **froide** journée d'hiver, la mère, désormais âgée, était assise dans son rocking-chair au coin du feu et pensait à sa vie. Elle avait été si chanceuse ; malgré toute la tristesse et les **peines qu'**elle avait connues, elle avait toujours été entourée d'amour. Et elle savait que tout cela était dû à Vepo Kndla Zelo.

Otázky s porozuměním

1. Jaké bylo otcovo přání?

2. Jak se dcera seznámila se svým manželem?

3. Co se stalo s manželem?

4. Koho děti našly v parku?

5. Jaké bylo poslední přání matky?

6. Jak se matka cítila ve svém životě?

7. Kdo byl Vepo Kndla Zelo?

8. Co udělal Vepo Kndla Zelo pro rodinu?

9. Proč Vepo Kndla Zelo splnil matčino poslední přání?

10. Jaký byl výsledek matčina posledního přání?

Questions de compréhension

1. Quel était le souhait du père ?

2. Comment la fille a-t-elle rencontré son mari ?

3. Qu'est-il arrivé au mari ?

4. Qui les enfants ont-ils trouvé dans le parc ?

5. Quel était le dernier souhait de la mère ?

6. Comment la mère se sentait-elle par rapport à sa vie ?

7. Qui était Vepo Kndla Zelo ?

8. Qu'est-ce que Vepo Kndla Zelo a fait pour la famille ?

9. Pourquoi Vepo Kndla Zelo a-t-il accordé le dernier souhait de la mère ?

10. Quel a été le résultat du dernier souhait de la mère ?

Praha

Probudil jsem se za zvukem cvrlikání ptáků za **oknem**. Slunce právě vykukovalo nad obzor a vrhalo na oblohu růžovou a oranžovou záři. Vstala jsem z postele, protáhla se, zhluboka se nadechla a cítila, jak mi plíce plní **chladný** vzduch. Čekal mě další krásný den v Praze. Zamířila jsem dolů, kde jsem ucítila vůni čerstvě uvařené kávy. Manžel už byl vzhůru a četl si noviny u kuchyňského stolu. Vyměnili jsme si krátké **zdvořilosti,** když jsem si nalila šálek kávy a posadila se k němu. Oba jsme věděli, že dnes toho musíme hodně udělat, pokud chceme co nejlépe využít čas strávený tady v Praze. Dopoledne jsme strávili procházkou po Staroměstském náměstí, obdivovali veškerou architekturu a občas se zastavili, abychom se **vyfotili** nebo si vzali něco k jídlu od jednoho z mnoha pouličních prodejců tradičních českých jídel, jako je klobása nebo trdelník.

Když jsme se procházeli úzkými uličkami lemovanými **obchůdky se** vším možným od ručně vyráběných šperků po ručně malovaná velikonoční vajíčka, připadali jsme si, jako bychom se vrátili v čase. Odpoledne jsme se rozhodli pro plavbu lodí po Vltavě. Zatímco jsme klouzali po vodě, náš průvodce nás upozorňoval na všechny důležité **památky** a vyprávěl nám příběhy

Prague

Je me suis réveillé au son des oiseaux qui gazouillaient derrière ma **fenêtre**. Le soleil dépassait à peine l'horizon, projetant une lueur rose et orange dans le ciel. Je suis sorti du lit et me suis étiré, prenant une profonde inspiration et sentant l'air **frais** remplir mes poumons. Cela allait être une autre belle journée à Prague. Je suis descendue à l'étage inférieur, où je pouvais sentir l'odeur du café frais. Mon mari était déjà debout et lisait le journal à la table de la cuisine. Nous avons échangé de brèves **plaisanteries** tandis que je me versais une tasse de café et m'asseyais avec lui. Nous savions tous deux que nous avions beaucoup à faire aujourd'hui si nous voulions profiter au maximum de notre séjour à Prague. Nous avons passé la matinée à nous promener sur la place de la Vieille Ville, à admirer toute l'architecture et à nous arrêter de temps en temps pour prendre des **photos** ou manger un morceau à l'un des nombreux vendeurs ambulants de nourriture tchèque traditionnelle comme le klobasa ou le trdelnik .

En nous promenant dans les rues étroites bordées de **boutiques** vendant de tout, des bijoux faits main aux œufs de Pâques peints à la main, nous avons eu l'impression de remonter le temps. L'après-midi, nous

o historii Prahy. Prošli jsme kolem Karlova mostu se sochami svatých, kteří na nás dohlížejí, a viděli jsme impozantní hrad, který se tyčí na kopci na druhé straně řeky. Bylo těžké uvěřit, že toto město existuje už po **staletí;** připadalo mi jako z pohádky. Když se začalo stmívat, vrátili jsme se na Staroměstské náměstí, kde jsme začali náš den. Náměstí teď bylo plné lidí, kteří si vychutnávali nápoje ve venkovních kavárnách nebo poslouchali živou **hudbu** linoucí se z některého z mnoha barů rozesetých po okolí.

Našli jsme si místo na lavičce a sledovali tančící páry před starou **fontánou osvětlenou** barevnými světly. Bylo to kouzelné. Náš dokonalý den jsme zakončili večeří v restauraci s výhledem na řeku a pak jsme se unavení, ale šťastní vrátili do hotelového pokoje. Následujících několik dní bylo plných aktivit. Navštěvovali jsme **muzea** a galerie, chodili na procházky po parcích a zahradách a ochutnali tolik českého jídla a piva, kolik jsme jen mohli.

avons décidé de faire un tour en bateau sur la Vltava. Pendant que nous glissions sur l'eau, notre guide nous a montré tous les **points de repère** importants et nous a raconté des histoires sur l'histoire de Prague. Nous sommes passés devant le pont Charles, avec ses statues de saints qui veillent sur nous, et avons vu l'imposant château perché au sommet d'une colline de l'autre côté de la rivière. Il était difficile de croire que cette ville existait depuis **des siècles** ; on se serait cru dans un conte de fées. Alors que la nuit commençait à tomber, nous sommes retournés sur la place de la vieille ville où nous avions commencé notre journée. La place était maintenant remplie de gens qui prenaient un verre dans un café en plein air ou qui écoutaient de la **musique** live émanant de l'un des nombreux bars qui parsemaient la zone.

Nous avons trouvé une place sur un banc et avons regardé les couples danser devant une vieille **fontaine éclairée** par des lumières colorées. C'était magique. Nous avons terminé notre journée parfaite par un dîner dans un restaurant surplombant la rivière avant de rentrer dans notre chambre d'hôtel, fatigués mais heureux. Les jours suivants ont été un flou d'activités. Nous avons visité des **musées** et des galeries d'art, nous nous sommes promenés dans des parcs et des jardins, et nous avons goûté autant de nourriture et de bière tchèques que possible.

Otázky s porozuměním

1. Na jaký zvuk se hlavní hrdina probudil?

2. Co dělalo slunce, když se hlavní hrdina probudil?

3. Co udělal hlavní hrdina, když se probudil?

4. Co cítil hlavní hrdina, když sešel dolů?

5. Kdo už byl vzhůru, když hlavní hrdina sešel dolů?

6. Co dělali hlavní hrdinka a její manžel ráno?

7. Co měl hlavní hrdina k obědu?

8. Co dělal hlavní hrdina odpoledne?

9. Jaká byla reakce hlavního hrdiny na město?

10. Co dělal hlavní hrdina poslední den v Praze?

Questions de compréhension

1. À quel bruit le protagoniste s'est-il réveillé ?

2. Que faisait le soleil lorsque le protagoniste s'est réveillé ?

3. Qu'a fait le protagoniste à son réveil ?

4. Que pouvait sentir le protagoniste lorsqu'il descendait les escaliers ?

5. Qui était déjà debout lorsque le protagoniste est descendu ?

6. Que faisaient la protagoniste et son mari le matin ?

7. Qu'a mangé le protagoniste au déjeuner ?

8. Qu'a fait le protagoniste dans l'après-midi ?

9. Quelle a été la réaction du protagoniste face à la ville ?

10. Qu'ont fait les protagonistes lors de leur dernier jour à Prague ?

Kubista

Kubista byl vždycky kreativní dítě. Ráda vyráběla **rukama a** stále přicházela s novými nápady. Když jí bylo pět let, vyrobila ze staré krabice kartonový domeček pro své panenky. Její rodiče byli tak ohromeni, že si ho vyfotili a dali do rodinného alba. Kubista stále vytvářela **něco** nového, ať už to byl obraz nebo socha, nebo jen něco pro zábavu. Když jí bylo osmnáct, rozhodla se Kubista, že až vyroste, chce být umělkyní. Šla na **vysokou školu** uměleckého směru a absolvovala ji s vyznamenáním. Přestěhovala se do New Yorku, aby si splnila svůj sen stát se umělkyní. Získala práci asistentky v umělecké galerii a tvrdě pracovala, aby se naučila vše o tomto oboru. Během několika let si našetřila dost peněz, aby si mohla otevřít vlastní galerii. Kubistova galerie se rychle stala jednou z **nejúspěšnějších ve** městě.

Na její jedinečná díla se sjížděli lidé z celého světa. Mnozí lidé říkali, že jim Kubistova díla připomínají jejich **dětství** a vyvolávají v nich pocit štěstí. Její díla přinášela lidem do života radost, což Kubista na své práci umělkyně milovala nejvíce. Kubista byla úspěšnou umělkyní i v dospělosti. Vystavovala svá díla po celém světě a získala mnoho ocenění. Lidé byli vždy ohromeni její **kreativitou** a představivostí. Její umělecká díla se nepodobala ničemu, co kdy předtím viděli. Jednoho dne Kubistu oslovila žena, která si chtěla objednat dílo pro svůj nový domov. Žena

Kubista

Kubista a toujours été une enfant créative. Elle aimait faire des choses avec ses **mains** et avait toujours de nouvelles idées. À cinq ans, elle a fabriqué une maison en carton pour ses poupées à partir d'une vieille boîte. Ses parents sont tellement impressionnés qu'ils prennent une photo et la mettent dans l'album de famille. Kubista était toujours en train de faire **quelque chose de** nouveau, que ce soit une peinture, une sculpture ou simplement quelque chose pour le plaisir. Lorsqu'elle a eu 18 ans, Kubista a décidé qu'elle voulait être une artiste quand elle serait grande. Elle s'inscrit à l'**université d'**art et obtient son diplôme avec mention. Elle s'installe à New York pour poursuivre son rêve de devenir artiste. Elle a trouvé un emploi d'assistante dans une galerie d'art et a travaillé dur pour tout apprendre sur le métier. En quelques années, elle a économisé suffisamment d'argent pour ouvrir sa propre galerie. La galerie de Kubista devient rapidement l'une des plus **prospères** de la ville.

Des gens sont venus de partout pour voir ses œuvres uniques. Beaucoup ont dit que les œuvres de Kubista leur rappelaient leur **enfance** et les rendaient heureux. Son travail apporte de la joie dans la vie des gens, et c'est ce que Kubista aime le plus dans son métier d'artiste. Kubista a continué à être une artiste à succès jusqu'à l'âge adulte. Elle a exposé ses œuvres dans le monde

Kubistě řekla, že chce něco **výjimečného,** něco, co by ji potěšilo pokaždé, když by to viděla. Po chvíli přemýšlení přišel Kubista s dokonalým nápadem. Vytvořila nástěnnou malbu kouzelného lesa s vílami, elfy a dalšími kouzelnými bytostmi. Žena byla výsledkem nadšená a nástěnnou malbu si pověsila do obývacího pokoje, kde ji mohla vidět každý den. Kubistova **umělecká díla** stále přinášejí lidem radost do života.

Je skutečně jedinečná a navždy zůstane v paměti jako jedna z **nejtalentovanějších** umělkyň naší doby. Kubistův život se změnil, když jí byla diagnostikována rakovina. Bylo jí pouhých pětačtyřicet let. Lékaři tvrdili, že je **agresivní a** že jí nezbývá mnoho času. Kubista byla zdrcená. Vždycky byla zdravá a nikdy si nemyslela, že by ji něco takového mohlo potkat. Během léčby Kubista velmi zeslábla a zeslábla. Přišla o všechny vlasy a měla chuť to vzdát. Věděla však, že se nemůže vzdát, ne když jsou tu stále lidé, kteří její umělecké dílo ve svém životě potřebují.

entier et a remporté de nombreux prix. Les gens sont toujours émerveillés par sa **créativité** et son imagination. Ses œuvres ne ressemblaient à rien de ce qu'ils avaient vu auparavant. Un jour, Kubista a été approchée par une femme qui voulait lui commander une œuvre pour sa nouvelle maison. La femme a dit à Kubista qu'elle voulait quelque chose de **spécial**, quelque chose qui la rendrait heureuse chaque fois qu'elle le verrait. Après avoir réfléchi un moment, Kubista a trouvé l'idée parfaite. Elle a créé une peinture murale représentant une forêt enchantée, avec des fées, des elfes et d'autres créatures magiques. La femme était ravie du résultat et a accroché la peinture murale dans son salon où elle pouvait la voir tous les jours. Les **œuvres d'art** de Kubista continuent d'apporter du bonheur dans la vie des gens.

Elle est vraiment unique en son genre et on se souviendra toujours d'elle comme l'une des artistes les plus **talentueuses** de notre époque. La vie de Kubista a pris un tournant lorsqu'on lui a diagnostiqué un cancer. Elle n'avait que quarante-cinq ans. Les médecins lui disent qu'il est **agressif** et qu'il ne lui reste plus beaucoup de temps. Kubista est dévastée. Elle avait toujours été en bonne santé et n'avait jamais pensé qu'une telle chose pourrait lui arriver. Pendant son traitement, Kubista est devenue très faible et fragile. Elle a perdu tous ses cheveux et a eu envie d'abandonner. Mais elle savait qu'elle ne pouvait pas abandonner, pas quand il y avait encore des gens qui avaient besoin de son œuvre dans leur vie.

Otázky s porozuměním

1. Co dělala Kubista, když jí bylo pět let?

2. Co dělala Kubista, když dokončila vysokou školu?

3. Čím byla Kubistova galerie známá?

4. Co vytvořil Kubista pro ženu, která si dílo objednala?

5. Jak se změnil Kubistův život, když jí byla diagnostikována rakovina?

6. Co dělal Kubista poté, co porazil rakovinu?

7. Jaký je Kubistův umělecký odkaz?

8. Proč si Kubistini rodiče vyfotili dům, který vyrobila, když jí bylo pět let?

9. Jak se Kubista cítila, když jí poprvé diagnostikovali rakovinu?

10. Čemu se chtěla Kubista věnovat po odchodu do důchodu?

Questions de compréhension

1. Qu'a fait Kubista quand elle avait cinq ans ?

2. Qu'a fait Kubista quand elle a obtenu son diplôme universitaire ?

3. Quelle était la réputation de la galerie de Kubista ?

4. Qu'est-ce que Kubista a créé pour la femme qui lui a commandé une pièce ?

5. Comment la vie de Kubista a-t-elle changé lorsqu'on lui a diagnostiqué un cancer ?

6. Qu'a fait Kubista après avoir vaincu le cancer ?

7. Quel est l'héritage de Kubista en tant qu'artiste ?

8. Pourquoi les parents de Kubista ont-ils pris une photo de la maison qu'elle a fabriquée quand elle avait cinq ans ?

9. Comment Kubista s'est-elle sentie lorsqu'on lui a diagnostiqué un cancer pour la première fois ?

10. Qu'est-ce que Kubista a voulu faire de plus après avoir pris sa retraite d'artiste ?

Na pláži

Po východu slunce jsou vlny hlasitější a písek nad přílivem je bílý. Jdu dolů na pláž a **obdivuji** moře a slunce. Prsty u nohou cítím rýhy mušlí. Písek mě studí na prstech. Usmívám se a jdu dál. Příliv je vysoký, takže si musím dávat pozor, aby mě nevtáhl dovnitř. Procházím se po břehu a obdivuji moře. Vychází **krásné** slunce a vlny se rozbíjejí. Cítím se tak klidně. Přicházím k místu, kde je skalní výběžek. Posadím se a pozoruji vlny. Voda je tak modrá a obloha tak **oranžová**. Připadám si jako ve snu. Zavřu oči a jen poslouchám vlny. Sedím tam dlouho, dokud neuslyším, jak někdo volá mé jméno.

Otevřu oči a vidím, jak ke mně jde máma. Ve tváři má ustaraný výraz. Usměju se a zamávám jí a ona **se uklidní**. "Zajímalo mě, kam jsi šla," řekne. "Jsem ráda, že se ti na pláži líbí." Odpovídám: "To ano." "Je tu tak krásně." "Já vím," řekne. "Když jsem byla ve tvém věku, chodívala jsem sem pořád." "Vážně?" Zeptám se. "Jo," odpoví. "Je to zvláštní místo." "Potkala jsi tady někdy někoho zvláštního?" Zeptám se. "Potkala," odpoví s úsměvem. "S tvým otcem." "Opravdu?" Řeknu **překvapeně**. "Ano," řekne. "Chodili jsme sem spolu pořád. Tady jsme se do sebe zamilovali. " Usměju se a **představím si, jak se** moji rodiče zamilovali na téhle

A la plage

Après le lever du soleil, les vagues sont plus fortes et le sable au-dessus de la marée est blanc. Je marche jusqu'à la plage, **admirant** la mer et le soleil. Mes orteils sentent les rainures des coquillages. Le sable est froid sur mes orteils. Je souris et je continue. La marée est haute, alors je dois faire attention à ne pas me laisser entraîner. Je marche le long du bord de l'eau, en admirant la mer. Le lever du soleil est **magnifique**, et les vagues s'écrasent. Je me sens si paisible. J'arrive à un endroit où il y a un affleurement rocheux. Je m'assieds et je regarde les vagues. L'eau est si bleue et le ciel est si **orange**. J'ai l'impression d'être dans un rêve. Je ferme les yeux et je me contente d'écouter les vagues. Je suis restée assise pendant un long moment, jusqu'à ce que j'entende quelqu'un m'appeler.

J'ouvre les yeux et je vois ma mère marcher vers moi. Elle a un air inquiet sur le visage. Je souris et je lui fais signe, et elle **se détend**. "Je me demandais où tu étais allée", dit-elle. "Je suis contente que tu profites de la plage." Je réponds : "J'en profite." "C'est tellement beau ici." "Je sais", dit-elle. "Je venais ici tout le temps quand j'avais ton âge." "Vraiment ?" Je demande. "Ouais", répond-elle. "C'est un endroit spécial." "As-tu déjà rencontré quelqu'un de spécial ici ?" Je demande. "Oui",

krásné pláži. "Je to zvláštní místo," opakuje. "Jsem ráda, že jsi sem dnes přišel."

Ještě chvíli tam sedíme a **pozorujeme** vlny a západ slunce. Pak se zvedáme a vracíme se k ručníkům. Lehnu si a dívám se na hvězdy. Cítím se tak šťastná a spokojená. Vlny jsou teď hlasitější a písek je studený. Slunce zapadá a fouká chladný vánek. Vlny se tříští o břeh a ve vzduchu je cítit sůl. Je to dokonalý večer pro pobyt na pláži. Procházím se po pobřeží, **poslouchám** šumění vln a pozoruji západ slunce. Vidím skupinku lidí, kteří sedí na písku, smějí se a vtipkují. Vypadají, že se skvěle baví. Přistoupím k nim a zeptám se, jestli se k nim můžu přidat. Souhlasí a zbytek večera strávíme povídáním, smíchem a pozorováním **západu slunce**. Je to dokonalý večer. Se skupinou si povídáme až do západu slunce. Sdílíme historky a vtipy a všichni se skvěle bavíme. Jak se začíná stmívat, začínáme se všichni cítit unavení. Políbíme se na **rozloučenou** a rozcházíme se.

répond-elle avec un sourire. "Ton père." "Vraiment ?"
Je dis, **surpris**. "Oui," dit-elle. "Nous avions l'habitude
de venir ici tout le temps ensemble. C'est là que nous
sommes tombés amoureux. " Je souris, **imaginant**
mes parents tombant amoureux sur cette magnifique
plage. " C'est un endroit spécial ", répète-t-elle. "Je suis
contente que tu sois venu ici aujourd'hui."

Nous restons assis là un moment de plus, à **regarder**
les vagues et le coucher de soleil. Puis nous nous
levons et retournons à nos serviettes de plage.
Je m'allonge et regarde les étoiles. Je me sens si
heureuse et satisfaite. Les vagues sont plus fortes
maintenant, et le sable est froid. Le soleil se couche et
une brise fraîche souffle. Les vagues s'écrasent sur le
rivage et l'odeur du sel flotte dans l'air. C'est une soirée
parfaite pour être à la plage. Je me promène le long du
rivage, en **écoutant le** bruit des vagues et en regardant
le coucher du soleil. Je vois un groupe de personnes
assises sur le sable, qui rient et plaisantent. Ils ont
l'air de passer un bon moment. Je m'approche d'eux
et leur demande si je peux les rejoindre. Ils acceptent
et nous passons le reste de la soirée à parler, à rire
et à regarder le **coucher de soleil**. C'est une soirée
parfaite. Le groupe et moi parlons jusqu'au coucher du
soleil. Nous partageons des histoires et des blagues,
et nous passons tous un bon moment. À la tombée de
la nuit, nous commençons tous à nous sentir fatigués.
Nous nous embrassons et nous nous séparons.

Otázky s porozuměním

1. Kam jde vypravěčka po probuzení?

2. Co vypravěč obdivuje, když se prochází po pláži?

3. Na co si musí vypravěč dávat pozor, když se prochází po pláži?

4. Kam se vypravěč posadí, aby se pokochal výhledem?

5. Jak dlouho tam vypravěč sedí?

6. Koho vypravěč vidí, když znovu otevře oči?

7. Co říká vypravěčova matka?

8. O čem vypravěč a lidé, které potkává, mluví?

Questions de compréhension

1. Où va la narratrice après son réveil ?

2. Qu'est-ce que la narratrice admire en marchant le long de la plage ?

3. De quoi la narratrice doit-elle se méfier lorsqu'elle marche le long de la plage ?

4. Où le narrateur s'assoit-il pour profiter de la vue ?

5. Combien de temps le narrateur reste-t-il assis là ?

6. Qui la narratrice voit-elle lorsqu'elle ouvre à nouveau les yeux ?

7. Que dit la mère du narrateur ?

8. De quoi parlent la narratrice et les personnes qu'elle rencontre ?

Kempování u jezera

Jdu směrem k jezeru a **obdivuji** klidnou scenérii. Slunce praží do malého jezera, takže voda vypadá jako skleněná tabule. Jediným pohybem je občasné zavlnění, které způsobí ryba **rozrážející** hladinu. Dokonce i ptáci jako by si dávali pauzu od horka, vzduchem se nese jen zvuk cikád. **Náhle** klid naruší hlasité šplouchnutí. Z vody vyskočí velká **ryba a** snaží se chytit vážku. Ryba mine svůj cíl a se šplouchnutím spadne zpět do vody. "Páni," pomyslím si, "to byla velká ryba!". Rozhlédl jsem se kolem, jestli ji neviděl ještě někdo jiný, ale nikdo v okolí nebyl. Asi jim to budu muset říct, až se vrátím do tábora.

Horko je **úmorné a** špatně se dýchá. Vzduch je hustý a těžký jako deka, která vás obklopuje. Jedinou úlevou je voda. Je chladivá a osvěžující, jako studený nápoj v horkém dni. Zhluboka se nadechnu a ponořím se do vody. Úleva je okamžitá, jak mě chladná voda obklopí. Plavu ke dnu a pak se vracím na hladinu a cítím, jak mi voda ochlazuje tělo. Pokračuji v **plavání** koleček a užívám si úlevu od horka. Po chvíli vylezu z vody a lehnu si na trávu, aby mi slunce osušilo tělo. Zavřu oči a usnu, zvuk **cikád** mě ukolébá do hlubokého spánku. Nechávám slunce, aby mi z kůže vypeklo vodu. Cítím, jak mi rudne kůže, ale je mi to jedno. Je mi příliš

Camping au lac

Je me dirige vers le lac, **admirant** la tranquillité de la scène. Le soleil tape sur le petit lac, faisant ressembler l'eau à une feuille de verre. Le seul mouvement est l'ondulation occasionnelle d'un poisson **brisant la** surface. Même les oiseaux semblent prendre une pause de la chaleur, avec seulement le son des cigales remplissant l'air. **Soudain**, la paix est rompue par un grand plouf. Un gros **poisson** a sauté hors de l'eau, essayant d'attraper une libellule. Le poisson rate sa cible et retombe dans l'eau avec un plouf. "Wow," je me dis, "c'était un gros poisson !". J'ai regardé autour de moi pour voir si quelqu'un d'autre l'avait vu, mais il n'y avait personne. Je suppose que je devrai leur dire quand je rentrerai au camp.

La chaleur est **oppressante**, il est difficile de respirer. L'air est épais et lourd, comme une couverture qui vous enveloppe. Le seul soulagement est dans l'eau. Elle est fraîche et rafraîchissante, comme une boisson fraîche par une journée chaude. Je prends une profonde inspiration et je plonge dans l'eau. Le soulagement est immédiat car l'eau fraîche m'entoure. Je nage jusqu'au fond, puis remonte à la surface, sentant l'eau refroidir mon corps. Je continue à **faire** des longueurs, appréciant le répit de la chaleur. Après un moment,

horko na to, aby mi to vadilo. vzápětí si uvědomím, že slunce zapadá. Obloha je krásně oranžová s růžovými a fialovými pruhy. Horko je pryč, nahradil ho chladný **vánek**.

Vstávám, oblékám se a cítím se svěží a omlazená. Zhluboka **se nadechnu** chladného vzduchu a usměju se. Je příjemné být naživu. Vracím se do kempu a obdivuji, jak barvy tančí na obloze. V dálce vidím hořící táborák a ve vzduchu cítím kouř. Usměju se a **zrychlím** krok. Jsem připravená odpočívat a užívat si zbytek večera. Vcházím do tábořiště a vidím, že se všichni shromáždili kolem ohně. **Smějí se** a vtipkují a já vidím, jak se jim oheň odráží v očích. Usměju se a posadím se vedle svých přátel. Je dobré být zpátky. Druhý den ráno vstávám brzy a začínám si balit věci. Nemůžu se dočkat, až se vrátím na stezku a budu pokračovat v cestě. Rozloučím se s přáteli a začnu odcházet. Během chůze se naposledy podívám na **tábořiště**. V dálce vidím stále hořící oheň a ve vzduchu cítím kouř. Usměju se a zrychlím krok. Jsem připravená pokračovat v **cestě**.

je sors de l'eau et je m'allonge sur l'herbe, laissant le soleil sécher mon corps. Je ferme les yeux et m'endors, le son des **cigales** me berce dans un profond sommeil. Je laisse le soleil faire sortir l'eau de ma peau. Je sens que ma peau devient rouge, mais je m'en moque. J'ai trop chaud pour m'en soucier. La prochaine chose que je sais, c'est que le soleil se couche. Le ciel est d'un bel orange, avec des traces de rose et de violet. La chaleur a disparu, remplacée par une **brise** fraîche.

Je me lève et me rhabille, me sentant rafraîchie et rajeunie. Je **respire** profondément l'air frais et je souris. C'est bon d'être en vie. Je retourne au camping, en admirant la façon dont les couleurs dansent dans le ciel. Je peux voir le feu de camp qui brûle au loin et je peux sentir la fumée dans l'air. Je souris et j'**accélère le** pas. Je suis prête à me détendre et à profiter du reste de ma soirée. J'entre dans le camping et je vois que tout le monde est rassemblé autour du feu. Ils **rient** et plaisantent, et je peux voir le feu se refléter dans leurs yeux. Je souris et m'assieds à côté de mes amis. C'est bon d'être de retour. Le lendemain matin, je me réveille tôt et je commence à préparer mes affaires. J'ai hâte de retourner sur le sentier et de poursuivre mon voyage. Je dis au revoir à mes amis et commence à m'éloigner. En marchant, je jette un dernier regard sur le **camping**. Je peux voir le feu qui brûle toujours au loin et je peux sentir la fumée dans l'air. Je souris et j'accélère le pas. Je suis prêt à poursuivre mon **voyage**.

Otázky s porozuměním

1. Kam chodec jde?

2. Jaké je počasí?

3. Jak vypadá voda?

4. Jak chodec reaguje na teplo?

5. Co dělá ryba?

6. Proč je chodec sám?

7. Jaký je pocit z vody?

8. Jak se chodec cítí po plavání?

9. V kterou denní dobu se chodec probudí?

10. Kam jde chodec, když opustí tábor?

Questions de compréhension

1. Où va le marcheur ?

2. Quel temps fait-il ?

3. À quoi ressemble l'eau ?

4. Comment le marcheur réagit-il à la chaleur ?

5. Que fait le poisson ?

6. Pourquoi le marcheur est-il seul ?

7. Quelle est la sensation de l'eau ?

8. Comment le marcheur se sent-il après avoir nagé ?

9. A quelle heure de la journée le déambulateur se réveille-t-il ?

10. Où va le marcheur quand il quitte le camp ?

Dům

Minulý týden jsem se přestěhovala do svého nového domu a jsem z toho tak **nadšená**! Je mnohem větší než můj starý a má velkou zahradu. Nemůžu se dočkat, až k nám budou chodit přátelé na grilování a večírky. **Nejraději mám** svou novou ložnici. Je tak velká a světlá a mám tam spoustu místa na všechny své věci. Jsem se svým novým domem opravdu spokojená a myslím, že tu budu velmi šťastná. Rozhodla jsem se dům ještě trochu prozkoumat. Vyšla jsem nahoru do druhého patra a začala jsem se ubírat do kuchyně, když jsem na zdi uviděla velkého černého pavouka! Vykřikla jsem a běžela dolů. Byla jsem tak **vyděšená**! Ale po několika minutách jsem se uklidnila a rozhodla se vrátit nahoru. Pomalu jsem došla do kuchyně a uviděla, že pavouk je pryč. Tolik se mi ulevilo! Vrátila jsem se dolů a rozhodla se jít ven prozkoumat **dvorek**. Byl tak velký! Nemohla jsem tomu uvěřit. V rohu jsem uviděla houpačku a skluzavku. Také jsem viděla basketbalovou síť a **trampolínu**. Byla jsem tak nadšená!

Nemůžu se dočkat, až budu moci všechny tyto nové věci používat. Přišli **sousedé** a představili se. Vypadali opravdu mile a chvíli jsme si povídali. Pozvali mě na grilování příští víkend a já jsem řekl, že rád přijdu. První týden v novém domě jsem si užila a těším se na všechna nová dobrodružství, která mě čekají. Dnes

La Maison

J'ai emménagé dans ma nouvelle maison la semaine dernière, et je suis si **excitée** ! Elle est tellement plus grande que l'ancienne, et elle a un grand jardin. J'ai hâte d'inviter des amis pour des barbecues et des fêtes. Ce que je **préfère,** c'est ma nouvelle chambre. Elle est si grande et lumineuse, et j'ai beaucoup d'espace pour mettre toutes mes affaires. Je suis très contente de ma nouvelle maison et je pense que je serai très heureuse ici. J'ai décidé d'explorer un peu plus la maison. Je suis monté au deuxième étage et j'ai commencé à me diriger vers la cuisine quand j'ai vu une grosse araignée noire sur le mur ! J'ai crié et j'ai couru en bas. J'avais tellement **peur** ! Mais après quelques minutes, je me suis calmée et j'ai décidé de retourner à l'étage. J'ai lentement fait mon chemin vers la cuisine et j'ai vu que l'araignée était partie. J'étais tellement soulagée ! Je suis redescendu et j'ai décidé de sortir pour explorer le **jardin**. Elle était si grosse ! Je n'arrivais pas à y croire. J'ai vu une balançoire dans le coin et un toboggan. J'ai aussi vu un filet de basket et un **trampoline**. J'étais tellement excitée!

J'ai hâte d'utiliser tous ces nouveaux trucs. Les **voisins** sont venus et se sont présentés. Ils avaient l'air très gentils, et nous avons parlé un moment. Ils m'ont invité à leur barbecue le week-end prochain, et j'ai dit que j'aimerais beaucoup venir. J'ai passé une excellente

se chystám znovu prozkoumat zahradu a zjistit, co ještě najdu. Kdo ví, třeba najdu i nějaký **poklad**. Už se nemůžu dočkat, co přinese příští týden! Další týden jsem se opět vydal na průzkum na dvorek a našel jsem **tajnou** zahradu. Byla tak krásná! Všude byly květiny a malé jezírko s rybami. Také jsem viděla houpačku, kterou jsem předtím neviděla. Byla jsem tak nadšená, že jsem tu tajnou zahradu našla, a už se nemůžu dočkat, až ji budu zkoumat dál. Bylo to tak **krásné**!

Všude byly květiny a rybníček s rybami. Také jsem viděla houpačku, kterou jsem předtím neviděla. Byla jsem nadšená, že jsem tuhle tajnou zahradu našla, a už se nemůžu dočkat, až ji budu moct prozkoumat víc. Také se mi líbil můj nový pokoj. Byl tak velký a světlý a na stěnách už visely plakáty mých oblíbených kapel. Dokonce jsem si ani nemusela brát žádný vlastní **nábytek,** protože už tu byla postel, komoda a psací stůl. Tohle bude ten nejlepší rok vůbec! Byla jsem trochu nervózní z toho, že začínám v nové **škole,** ale všichni moji noví sousedé byli tak přátelští. Dokonce jsem se seznámila s dívkou, která bydlí vedle, a ta říká, že se mnou první den půjde do školy pěšky.

première semaine dans ma nouvelle maison et j'ai hâte de vivre toutes les nouvelles aventures qui m'attendent. Aujourd'hui, je vais encore aller explorer le jardin et voir ce que je peux trouver d'autre. Qui sait, peut-être vais-je même trouver un **trésor**. J'ai hâte de voir ce que la semaine prochaine nous réserve ! La semaine suivante, je suis retourné explorer le jardin et j'ai trouvé un jardin **secret**. C'était tellement beau ! Il y avait des fleurs partout et un petit étang avec des poissons dedans. J'ai aussi vu une balançoire que je n'avais jamais vue auparavant. J'étais si excitée de trouver ce jardin secret, et j'ai hâte de l'explorer davantage. C'était tellement **beau** !

Il y avait des fleurs partout et un petit étang avec des poissons dedans. J'ai aussi vu une **balançoire** que je n'avais jamais vue auparavant. J'étais si excitée de trouver ce jardin secret, et j'ai hâte de l'explorer davantage. J'ai aussi adoré ma nouvelle chambre. Elle était si grande et lumineuse, et il y avait déjà des posters de mes groupes préférés sur les murs. Je n'ai même pas eu besoin d'apporter mes propres **meubles** car il y avait déjà un lit, une commode et un bureau. Ça va être la meilleure année de ma vie ! J'étais un peu nerveux à l'idée de commencer dans une nouvelle **école**, mais tous mes nouveaux voisins ont été si gentils. J'ai même rencontré une fille qui habite à côté et elle m'a dit qu'elle m'accompagnerait à l'école le premier jour.

Otázky s porozuměním

1. Kde daná osoba žije?

2. Jak se mu v novém domě líbí?

3. Jaká je oblíbená část nového domu?

4. Co našel v zahradě?

5. Kdo jsou sousedé?

6. Jaké byly první dny v novém domě?

7. Jaká je oblíbená část nového pokoje?

8. Co má tato osoba v plánu dělat zítra?

9. Jaký byl nejlepší první týden v novém domě?

10. Co všechno je v novém pokoji této osoby?

Questions de compréhension

1. Où vit la personne ?

2. Comment la personne se sent-elle dans sa nouvelle maison ?

3. Quelle est la partie de la nouvelle maison que la personne préfère ?

4. Qu'est-ce que la personne a trouvé dans le jardin ?

5. Qui sont les voisins ?

6. Comment se sont passés les premiers jours de la personne dans sa nouvelle maison ?

7. Quelle est la partie de la nouvelle pièce que la personne préfère ?

8. Qu'est-ce que la personne prévoit de faire demain ?

9. Quelle a été la meilleure partie de la première semaine de la personne dans sa nouvelle maison ?

10. Qu'y a-t-il dans la nouvelle chambre de la personne ?

Ve vlaku

Běžel jsem na nádraží, ale přišel jsem pozdě. Vlak už odjel beze mě. Cítila jsem se **naštvaná** a **zklamaná** sama sebou. Chtěla jsem jet vlakem za prarodiči, kteří žijí na venkově, ale teď budu muset čekat celou hodinu na další vlak. Rozhodla jsem se, že se místo toho budu chvíli procházet po městě, a snažila se zapomenout na promarněnou příležitost. Během chůze jsem začala **snít o** všech místech, kam vás **vlak** může dovézt. Najednou už jsem nebyl tak naštvaný. Zamířil jsem zpátky na nádraží a nemohl si nevšimnout velké červenobílomodré lokomotivy, která si to ke mně šinula. Teprve když vidím **průvodčího, jak** na mě mává z okna, uvědomím si, že tenhle vlak je pro mě. Nastoupím do vlaku, najdu si své místo a usadím se na místo, které slibuje dlouhou cestu.

Když vyjíždíme z nádraží, nemůžu si pomoct, ale přemýšlím, kam mě tenhle vlak zaveze. Přes zelená **pole** a modré řeky, kolem hor a údolí, nikdo neví, kam tenhle starý vlak pojede. Když se začne stmívat, upadám do **klidného** spánku, ukolébáván **rytmickým** pohybem vagónů na kolejích pod sebou. Když se ráno opět rozední, otevřu oči a zjistím, že jsme dorazili do malého městečka kdesi uprostřed ničeho. Slunce právě vykukuje nad obzor, když se na hlavní ulici začínají

Dans le train

J'ai couru jusqu'à la gare, mais c'était trop tard. Le train était déjà parti sans moi. Je me suis sentie tellement **en colère** et **déçue** de moi-même. J'avais prévu de prendre le train pour rendre visite à mes grands-parents qui vivent à la campagne, mais maintenant je devais attendre le prochain train pendant une heure entière. J'ai décidé de me promener un peu dans la ville à la place et j'ai essayé d'oublier cette occasion manquée. En marchant, j'ai commencé à **rêver à** tous les endroits où le **train** peut vous emmener. Soudain, je n'étais plus aussi contrariée. Je suis retourné dans la gare et je n'ai pu m'empêcher de remarquer la grande locomotive rouge, blanche et bleue qui se dirigeait vers moi. Ce n'est que lorsque je vois le **conducteur** me faire signe par la fenêtre que je réalise que ce train est pour moi. Je monte dans le train et trouve mon siège, m'installant pour ce qui promet d'être un long voyage.

Alors que nous sortons de la gare, je ne peux m'empêcher de me demander où ce train va m'emmener. À travers des **champs** verts et des rivières bleues, en passant par des montagnes et des vallées, on ne sait pas où ce vieux train va aller. À la tombée de la nuit, je m'endors **paisiblement**, bercé par le mouvement **rythmique** des wagons sur les rails en contrebas. Quand le matin revient, j'ouvre les yeux

trousit místní obyvatelé; vypadá to tu jako každý jiný den až na jednu věc - u radnice je vyvěšena velká cedule s nápisem "Vítejte na palubě!". Zdá se, že nás tohle městečko očekává, i když jsme jen obyčejný **osobní** vlak, který tudy projíždí na cestě jinam. Když necháváme město opět za sebou a řítíme se kdoví kam dál, usmívám se na všechny ty přátelské tváře, které nám mávají na rozloučenou z malých domků zasazených mezi **zemědělskou půdou -** je opravdu úžasné, jak něco tak zdánlivě obyčejného může přinést tolik radosti už jen tím, že tudy projíždíme. A pak jsou tu samozřejmě **děti**.

Vykláním se z okna lokomotivy. Vždycky mě potěší svýma zářícíma očima a širokým úsměvem. Energicky jsem jim zamával zpátky, než jsem se vrátil do své **kabiny** a posadil se. Už tak to byl dlouhý den, ale ještě není u konce; do našeho konečného **cíle zbývá** ještě několik hodin. Vytáhnu knihu a začnu si číst, nechám se ukolébat rytmickým houpáním vlaku.

pour constater que nous sommes arrivés dans une petite ville quelque part au milieu de nulle part. Le soleil pointe à peine à l'horizon et les habitants commencent à s'agiter dans la rue principale ; c'est un jour comme les autres ici, à l'exception d'une chose : il y a un grand panneau près de l'hôtel de ville qui dit "Bienvenue à bord". Il semble que cette petite ville nous attendait, même si nous ne sommes qu'un train de **voyageurs** ordinaire qui passe par là pour aller ailleurs. Alors que nous laissons la ville derrière nous une fois de plus, en direction d'on ne sait où, je souris à tous les visages amicaux qui nous saluent depuis ces petites maisons nichées au milieu des **terres agricoles - c**'est vraiment étonnant de voir comment quelque chose d'apparemment si ordinaire peut apporter tant de joie simplement en passant par là. Et puis, bien sûr, il y a les **enfants**.

Je me penche par la fenêtre de ma locomotive. Ils me rendent toujours si heureux avec leurs yeux brillants et leurs grands sourires. Je leur fais un signe de la main énergique avant de retourner dans ma **cabine** et de m'asseoir. La journée a déjà été longue, mais elle n'est pas encore terminée ; il reste encore quelques heures avant d'atteindre notre **destination** finale. Je sors mon livre et commence à lire, laissant le balancement rythmique du train me bercer dans un état paisible.

Otázky s porozuměním

1. Kam jede vlak?

2. Kdo cestuje vlakem?

3. Kdy vlak odjíždí?

4. Jak se hlavní hrdina dostane do vlaku?

5. Odkud jede vlak?

6. Kam jede vlak příště?

7. Kdy cestující dorazili?

8. Jak se cítí hlavní hrdina, když mu ujede vlak?

9. Jak reaguje strojvedoucí, když spatří hlavního hrdinu?

10. Proč má hlavní hrdina rád vlaky?

Questions de compréhension

1. Où va le train ?

2. Qui voyage dans le train ?

3. Quand le train part-il ?

4. Comment le protagoniste monte-t-il dans le train ?

5. D'où vient le train ?

6. Où le train va-t-il ensuite ?

7. Quand les passagers sont-ils arrivés ?

8. Que ressent le protagoniste lorsqu'il rate le train ?

9. Comment le conducteur du train réagit-il lorsqu'il voit le protagoniste ?

10. Pourquoi le protagoniste aime-t-il les trains ?

Vaření večeře

Je pět hodin odpoledne a já jdu z práce domů. **Těším se na** klidný večer doma s partnerem. Uvaříme si společně večeři a pak budeme po zbytek večera jen odpočívat. Je příjemné vědět, že dnes **večer** nemám žádné plány ani povinnosti. Přijdu domů a můj partner už je v kuchyni a začíná připravovat naši večeři. **Úžasně** to tu voní! Při vaření si povídáme, navzájem si vyprávíme o svých dnech a sdílíme drobné historky z pracovního života. Kuchyně je moje nejoblíbenější místnost v našem bytě. Ráda vařím a obzvlášť ráda vařím se svým partnerem. Vždycky se tu dobře bavíme, smějeme se a vtipkujeme, zatímco vaříme jako o život. Navíc když pracujeme **společně,** jídlo je vždycky **neuvěřitelné**.

Dnes večer připravujeme jeden z mých nejoblíbenějších receptů: **kuře na** parmazánu. Můj partner začne s obalováním kuřete, zatímco já na **plotně** vařím omáčku. Pracujeme společně jako dobře namazaný stroj a za chvíli je večeře připravená k podávání. Sedíme u našeho malého kuchyňského stolu s **talíři** plnými kuřecího parmezánu, těstovin a salátu. Cinkneme skleničkami a dáme si první sousto - a je to **božské!** Kuře je zvenku křupavé, ale uvnitř šťavnaté, omáčka je aromatická a dokonalá, těstoviny jsou uvařené al

Cuisiner le dîner

Il est 17 heures et je rentre à pied du travail. J'ai **hâte** de passer une soirée tranquille à la maison avec mon partenaire. Nous allons préparer le dîner ensemble et nous détendre pour le reste de la nuit. C'est agréable de savoir que je n'ai aucun projet ni aucune obligation ce **soir**. J'arrive à la maison et mon partenaire est déjà dans la cuisine, en train de préparer notre dîner. Ça sent **très bon** ici ! Nous bavardons tout en cuisinant, prenant des nouvelles de nos journées respectives et partageant des petites histoires de nos vies professionnelles. La cuisine est ma pièce préférée dans notre appartement. J'adore cuisiner, et j'aime particulièrement cuisiner avec mon partenaire. Nous passons toujours un bon moment ici, à rire et à plaisanter pendant que nous cuisinons. De plus, la nourriture est toujours **incroyable** lorsque nous travaillons **ensemble**.

Ce soir, nous faisons l'une de mes recettes préférées : le **poulet au** parmesan. Mon partenaire commence par paner le poulet pendant que je fais mijoter la sauce sur la **cuisinière**. Nous travaillons ensemble comme une machine bien huilée, et en peu de temps, le dîner est prêt à être servi. Nous nous asseyons à notre petite table de cuisine avec des **assiettes** remplies de poulet

dente... všechno dnes večer chutná naprosto dokonale. Oba víme, že tohle byl jeden z těch večerů, kdy se všechno dokonale spojilo a my **si vychutnáváme** každé sousto našeho lahodného jídla. Chutnalo to ještě lépe, než to vonělo - což bylo zatraceně dobré! Jídlo dojíme poměrně rychle, protože ani jeden z nás dnes nemá zvláštní hlad, ale nespěcháme a vychutnáváme si ještě několik **skleniček** vína, zatímco si lehce povídáme na to či ono téma. Po večeři společně rychle uklidíme a pak se přesuneme do obývacího pokoje, kde strávíme nějaký čas **mazlením se** na gauči při sledování televize.

Po dlouhém dni stráveném odděleně v **práci je** to tak příjemné být si nablízku. Cítím se spokojeně. I když jsme neměli žádný rušný večer, bylo příjemné strávit spolu nějaký čas, aniž bychom museli opustit dům. Podívali jsme se na film a šli brzy spát, protože jsme byli **spokojení s** naší jednoduchou nocí. Tohle se stalo jednou z našich **oblíbených činností pro** večery, kdy se nám nechce nikam chodit - prostě si odpočineme doma a užíváme si vzájemnou společnost u domácího jídla.

au parmesan, de pâtes et de salade. Nous faisons tinter les verres et prenons notre première bouchée - et c'est **divin** ! Le poulet est croustillant à l'extérieur mais juteux à l'intérieur ; la sauce est savoureuse et parfaite ; les pâtes sont cuites al dente... tout a un goût absolument parfait ce soir. Nous savons tous les deux que c'était l'une de ces nuits où tout s'est parfaitement réuni alors que nous **savourons** chaque bouchée de notre délicieux repas. Le goût était encore meilleur que l'odeur, qui était sacrément bonne ! Nous terminons notre repas assez rapidement car aucun de nous n'a particulièrement faim aujourd'hui, mais nous prenons notre temps en dégustant quelques **verres** de vin supplémentaires tout en discutant légèrement de tel ou tel sujet. Après le dîner, nous nettoyons rapidement ensemble et passons au salon, où nous passons un moment à **nous câliner** sur le canapé en regardant la télévision.

C'est tellement agréable d'être près l'un de l'autre après une longue journée de **travail** séparé. Je me sens satisfaite. Même si la soirée n'a pas été très animée, c'était agréable de passer du temps ensemble sans avoir à quitter la maison. Nous avons regardé un film et nous nous sommes couchés tôt, **satisfaits** de notre simple soirée. C'est devenu l'une de nos activités **préférées** les soirs où nous n'avons pas envie de sortir - se détendre à la maison et profiter de la compagnie de l'autre autour d'un repas fait maison.

Otázky s porozuměním

1. Odkud pochází vypravěč?

2. Co dělá vypravěč po práci?

3. Co vypravěč jí k večeři?

4. Proč má vypravěč rád kuchyni?

5. Jaký pokrm dvojice vaří?

6. Jak se vypravěč cítí na konci večera?

7. Co pár nejraději dělá?

8. Co dělají manželé, když jsou unavení?

9. Kde spí?

10. Proč vypravěč rád zůstává doma?

Questions de compréhension

1. D'où vient le narrateur ?

2. Que fait le narrateur après le travail ?

3. Que mange le narrateur pour le dîner ?

4. Pourquoi le narrateur aime-t-il la cuisine ?

5. Quel genre de plat le couple cuisine-t-il ?

6. Que ressent le narrateur à la fin de la soirée ?

7. Quelle est l'activité préférée du couple ?

8. Que fait le couple quand il est fatigué ?

9. Où dorment-ils ?

10. Pourquoi le narrateur aime-t-il rester à la maison ?

Chůze domů

Když jsem šel z práce domů, byl **klidný** večer. Při chůzi jsem se nemohl ubránit úsměvu při vzpomínkách. Bylo příjemné být zpátky ve své staré čtvrti. Zamával jsem několika známým a oni mi zamávali zpátky. Bylo dobré být doma. Procházel jsem kolem své staré školy a **vzpomínal na** všechny ty hezké chvíle, které jsem prožil se svými přáteli. Vždycky jsme šli domů společně a povídali si o tom, co jsme prožili. **Někdy** jsme se zastavili na zmrzlinu nebo šli do parku. To byly ty nejlepší časy. Stýská se mi po nich. Ale teď mám vlastní rodinu a jsem se svým životem spokojená. Jsem ráda, že se na ty vzpomínky můžu podívat a usmívat se. Jsou součástí mého života, které si budu vždycky vážit. Byly to ty nejlepší časy. Chybí mi ty časy. Ale teď mám vlastní rodinu a jsem se svým životem spokojená. Jsem rád, že se na ty **vzpomínky** mohu ohlédnout a usmívat se. Jsou součástí mého života, které si budu vždy vážit.

Jdu dál a vzpomínám na hezké chvíle, které jsem prožil se svými přáteli. Vím, že je brzy zase uvidím. Mířím ke svému domovu a rozhodnu se projít nedalekým parkem. Slunce zapadá a obloha se zbarvuje do **krásné** oranžové barvy. Park je prázdný, až na pár ptáků, kteří cvrlikají na stromech. Zhluboka **se nadechnu** a usměju se. Když procházím parkem,

Walking Home

C'était une nuit **paisible** alors que je rentrais du travail. En marchant, je ne pouvais m'empêcher de sourire aux souvenirs. C'était bon d'être de retour dans mon ancien quartier. J'ai salué quelques personnes que je connaissais, et elles m'ont salué en retour. C'était bon d'être chez soi. Je suis passé devant mon ancienne école et je **me suis souvenu de** tous les bons moments que j'ai passés avec mes amis. On rentrait toujours ensemble à la maison et on parlait de notre journée. **Parfois,** on s'arrêtait pour acheter une glace ou aller au parc. C'était les meilleurs moments. Ces moments me manquent. Mais maintenant, j'ai ma propre famille et je suis heureuse de ma vie. Je suis heureux de pouvoir repenser à ces souvenirs et de sourire. Ils font partie de ma vie et je les chérirai toujours. C'était les meilleurs moments. Ils me manquent. Mais maintenant, j'ai ma propre famille et je suis heureux de ma vie. Je suis heureux de pouvoir repenser à ces **souvenirs** et de sourire. Ils font partie de ma vie et je les chérirai toujours.

Je continue à marcher, en pensant aux bons moments que j'ai passés avec mes amis. Je sais que je les reverrai bientôt. Je me dirige vers ma maison et décide de me promener dans un parc à proximité. Le soleil se

vidím, jak se po obloze táhne padající hvězda. Něco si k té hvězdě přeji a pokračuji v chůzi. Přemýšlím o svém dni v práci a o tom, jak byl **klidný.** Usmívám se pro sebe a přemýšlím o tom, jaké mám štěstí, že mám tak skvělou práci. Jdu domů a na kůži **cítím** chladný noční vzduch. Cítím se tak živá a šťastná, užívám si prostý akt chůze domů v klidné noci.

Cítila jsem se tak dobře, že jsem **si** začala **pískat.** Prošel jsem kolem několika lidí na ulici, ale všichni si hleděli svého.

Zahnul jsem za roh do své ulice a uviděl sousedovic kocoura pana Fouska, jak sedí na verandě. Pozdravil jsem ho a on mi mňouknutí oplatil. **Odemkl** jsem dveře a vešel dovnitř. Byl jsem tak šťastný, že jsem doma. Zula jsem si boty a chystala se do postele. Tu noc jsem šla spát s pocitem štěstí a vděčnosti, se srdcem plným lásky. Celou noc jsem klidně spala a o nic se nestarala. Probudila jsem se z klidného spánku a **přivítalo mě** slunce, které svítilo oknem dovnitř. Vstal jsem z postele, protáhl se, zhluboka se nadechl a cítil, jak mi chladný vzduch plní plíce.

couche et le ciel prend une **belle** couleur orange. Le parc est vide, à l'exception de quelques oiseaux qui gazouillent dans les arbres. Je prends une profonde **inspiration** et je souris. Alors que je marche dans le parc, je vois une étoile filante traverser le ciel. J'ai fait un vœu sur cette étoile et j'ai continué à marcher. Je pense à ma journée de travail et au **calme qui** y régnait. Je souris à moi-même, en pensant à la chance que j'ai d'avoir un si bon travail. Je rentre chez moi, en **sentant l'**air frais de la nuit sur ma peau. Je me sens si vivante et heureuse, profitant du simple fait de rentrer chez moi par une nuit paisible. Je me sentais si bien que j'ai commencé à **siffler**. Je suis passé devant quelques personnes dans la rue, mais elles s'occupaient toutes de leurs affaires.

J'ai tourné le coin de ma rue et j'ai vu le chat de mon voisin, M. Whiskers, assis sur mon porche. Je lui ai dit bonjour et il miaulait en retour. J'ai **déverrouillé** ma porte et je suis entrée. J'étais si heureuse d'être chez moi. J'ai enlevé mes chaussures et me suis préparée pour aller me coucher. Je me suis couchée ce soir-là, heureuse et reconnaissante, le cœur plein d'amour. J'ai dormi profondément toute la nuit, sans me soucier de rien. Je me suis réveillée d'un sommeil réparateur et j'ai été **accueillie** par le soleil qui brillait à travers ma fenêtre. Je suis sorti du lit et me suis étiré, prenant une profonde inspiration et sentant l'air frais remplir mes poumons.

Otázky s porozuměním

1. Co dělal hlavní hrdina na začátku příběhu?

2. Na co hlavní hrdina myslel, když šel domů?

3. Co dělal hlavní hrdina s přáteli po škole?

4. Co hlavnímu hrdinovi chybí z těch časů?

5. Co si hlavní hrdina myslí o svém současném životě?

6. Co udělá hlavní hrdina, když spatří padající hvězdu?

7. Jak se hlavní hrdina cítí, když jde domů?

8. Co udělá hlavní hrdina, když se vrátí domů?

9. Jak se hlavní hrdina cítí, když se druhý den ráno probudí?

10. Co dělá hlavní hrdina následující den?

Questions de compréhension

1. Que faisait le protagoniste au début de l'histoire ?

2. À quoi le protagoniste a-t-il pensé en rentrant chez lui ?

3. Qu'est-ce que le protagoniste avait l'habitude de faire avec ses amis après l'école ?

4. Qu'est-ce que le protagoniste regrette de cette époque ?

5. Que pense le protagoniste de sa vie actuelle ?

6. Que fait le protagoniste lorsqu'il voit une étoile filante ?

7. Que ressent le protagoniste lorsqu'il rentre à pied chez lui ?

8. Que fait le protagoniste lorsqu'il rentre chez lui ?

9. Que ressent le protagoniste lorsqu'il se réveille le lendemain matin ?

10. Que fait le protagoniste le lendemain ?

Hrad

Rodina si vždycky přála navštívit starý hrad v **Německu,** a tak se nakonec vydala na cestu. Nebyli **zklamaní.** Zámek byl krásný a rádi si prohlédli jeho četné místnosti a chodby. První, co je zarazilo, byla vůně. Našli **plíseň**, vlhkost a ještě něco, co nedokázali přesně pojmenovat. Druhou věcí byl zvuk. Kamenné zdi jsou sice silné, ale zvuk úplně neumlčí. Slyšeli každý krok, každé slovo pronesené normálním hlasem a občasné kapání vody **někde v** dálce. Když se jejich oči přizpůsobily tlumenému světlu, uviděli kolem sebe mohutné kamenné zdi, z nichž visely gobelíny v **roztrhaných** cárech. Stáli v obrovském sále s vysokým stropem podepřeným vyřezávanými sloupy. Líbil se jim také výhled z věžiček a děti se skvěle bavily běháním po areálu. Než skončili s prohlídkou hradu, začalo zapadat **slunce a** oni litovali, že si nevzali **baterku.** Rozhodly se, že se vrátí ke vchodu, ale brzy se ztratily. Bloudili snad celé hodiny, až nakonec narazili na dveře, které vedly ven. Pokračovali dál, až **došli na** konec chodby a narazili na impozantní dvojité dveře. Ať se snažili sebevíc, dveře se nechtěly pohnout. **Zlověstně** zarachotily, ale nepohnuly se ani o píď. Vypadalo to, že ať už tu byl předtím kdokoli, musel tudy projít a zamknout je zevnitř. Nakonec se jim podařilo najít cestu ven. Když vyšli na chladný noční vzduch, zaplavila je

Le château

La famille avait toujours voulu visiter un vieux château en **Allemagne**, et elle a finalement fait le voyage. Ils n'ont pas été **déçus**. Le château était magnifique, et ils ont pris plaisir à explorer ses nombreuses pièces et couloirs. La première chose qui les frappe est l'odeur. Ils ont trouvé de la **moisissure**, de l'humidité et quelque chose d'autre qu'ils n'ont pas réussi à identifier. La deuxième chose a été le son. Les murs de pierre sont épais, mais ils n'étouffent pas complètement le son. Ils ont entendu chaque pas, chaque mot prononcé d'une voix normale, et le goutte-à-goutte occasionnel de l'eau **quelque part** au loin. Lorsque leurs yeux se sont adaptés à la faible lumière, ils ont vu des murs de pierre massifs se dresser tout autour d'eux, des tapisseries en **lambeaux y étant** suspendues. Ils se tenaient dans un immense hall avec un haut plafond soutenu par des piliers sculptés. Ils ont également aimé les vues depuis les tourelles, et les enfants ont eu beaucoup de plaisir à courir dans le parc. Le **soleil** avait commencé à se coucher lorsqu'ils ont fini d'explorer le château, et ils ont regretté de ne pas avoir apporté de **lampe de poche**. Ils ont décidé de retourner à l'entrée, mais ils se sont vite perdus. Ils errent pendant des heures, jusqu'à ce qu'ils trouvent enfin une porte qui mène à l'extérieur. Ils ont continué jusqu'à ce qu'ils **atteignent le** bout du

úleva.

Slunce začalo zapadat a oni **litovali, že** si nevzali baterku. Rozhodli se vrátit ke vchodu, ale brzy zjistili, že se ztratili. Bloudili snad celé hodiny, až nakonec narazili na dveře, které vedly **ven**. Když vyšli na chladný noční vzduch, zaplavila je úleva. Dalšího večera si s sebou vzali baterku, aby prozkoumali zbytek hradu. Prošli **nádvořím a sešli** k řece, která tekla za hradbami. Jak se tak procházeli, začali slyšet podivné zvuky. Znělo to, jako by je někdo sledoval. Zrychlili krok, ale zvuky byly stále hlasitější a blíž. Rodina běžela zpátky k hradu, jak nejrychleji mohla, a s úlevou zjistila, že postava v **tmavém** plášti je nepronásleduje.

couloir et arrivent à une imposante série de doubles portes. Ils ont beau essayer, les portes ne bougent pas. Elles cliquettent **sinistrement** mais ne bougent pas d'un pouce. On dirait que celui qui était ici avant a dû passer par là et les verrouiller de l'intérieur. Finalement, ils ont trouvé un moyen de sortir. Le soulagement les envahit alors qu'ils sortent dans l'air frais de la nuit.

Le soleil avait commencé à se coucher, et ils **regrettaient de ne pas avoir** apporté de lampe de poche. Ils ont décidé de retourner à l'entrée, mais ils se sont vite perdus. Ils ont erré pendant ce qui leur a semblé être des heures, jusqu'à ce qu'ils trouvent enfin une porte qui menait à **l'extérieur**. Le soulagement les a envahis alors qu'ils sortaient dans l'air frais de la nuit. Le lendemain soir, ils ont pris soin d'emporter une lampe de poche pour explorer le reste du château. Ils ont traversé la **cour** et sont descendus jusqu'à la rivière qui coulait derrière les murs du **château**. Alors qu'ils se promenaient, ils ont commencé à entendre des bruits étranges. On aurait dit que quelqu'un les suivait. Ils accélèrent le pas, mais les bruits deviennent plus forts et plus proches. Les membres de la famille courent vers le château aussi vite qu'ils le peuvent, et ils sont soulagés de voir que la silhouette au manteau **sombre** ne les a pas suivis.

Otázky s porozuměním

1. Co udělala rodina, když se ztratila na hradě?

2. Jak se rodina cítila, když zjistila, že to byl jen místní muž?

3. Co udělal muž, kvůli kterému byl zatčen?

4. Jaký byl rozsudek pro tohoto muže?

5. Jaký hluk rodina slyšela na procházce?

6. Kde byla postava v tmavém plášti, když ji rodina spatřila?

7. Co dělala rodina, když se vrátila do svého pokoje?

8. Kdy se rodina znovu vydala na prohlídku hradu?

9. Na co rodina nemohla přijít?

10. Co dělala rodina předtím, než se znovu vydala na průzkum hradu?

Questions de compréhension

1. Qu'a fait la famille lorsqu'elle s'est perdue dans le château ?

2. Comment la famille s'est-elle sentie quand elle a découvert que c'était juste un homme du coin ?

3. Qu'a fait l'homme qui a été arrêté ?

4. Quelle a été la sentence pour cet homme ?

5. Quel bruit la famille a-t-elle entendu pendant qu'elle marchait ?

6. Où était le personnage au manteau sombre quand la famille l'a vu ?

7. Qu'a fait la famille en rentrant dans sa chambre ?

8. Quand la famille est-elle repartie explorer le château ?

9. Quelle était la chose sur laquelle la famille n'arrivait pas à mettre le doigt ?

10. Qu'a fait la famille avant de retourner explorer le château ?

Moje zahrada

Moje zahrada je mým šťastným místem. Chodím tam každý den, ať prší nebo svítí slunce, a trávím čas péčí o své rostliny. Mám tam od **všeho trochu - zeleninu,** ovoce, květiny, bylinky. Dokonce mám i několik slepic, které mi pomáhají držet škůdce na uzdě. Své dny na zahradě začínám sbíráním vajec od slepic. Pak zkontroluji zeleninu a ujistím se, že má dostatek vody a slunce. Vypleju záhony a vybírám brouky, kteří by mohli rostliny **napadnout.** Jakmile je o **vše postaráno,** sednu si a užívám si klidu a ticha přírody.

Vždycky jsem ráda trávila čas na zahradě. Je to něco, co mě obklopuje, když jsem obklopena přírodou a všemi jejími **krásami.** Považuji ji za velmi klidné a uklidňující místo. Často trávím čas na zahradě, jen tak odpočívám a kochám se krajinou. Ráda také pracuji na zahradě a něco na ní pěstuju. Mám docela velkou zahradu a ráda na ní pěstuju **různé** věci. Pěstuji květiny, **zeleninu** a bylinky. Mám také několik ovocných stromů, které plodí výborná jablka, hrušky a švestky. Kromě pěstování mě také baví trávit čas procházkami po zahradě a **obdivovat** všechny ty různé rostliny a zvířata, která jsou na ní doma. V průběhu let jsem strávil mnoho hodin prací na tom, aby se moje **zahrada** stala místem, které je nejen krásné, ale také funkční.

Mon jardin

Mon jardin est mon coin de paradis. J'y vais tous les jours, qu'il pleuve ou qu'il vente, et je passe du temps à m'occuper de mes plantes. J'ai un peu de **tout :** **légumes**, fruits, fleurs, herbes. J'ai même quelques poules qui m'aident à tenir les parasites à distance. Je commence mes journées dans le jardin en ramassant les œufs des poules. Puis je vérifie que mes légumes reçoivent suffisamment d'eau et de soleil. Je désherbe les plates-bandes et j'élimine les insectes qui pourraient **attaquer** les plantes. Une fois que **tout est** fait, je m'assois et je profite de la paix et du calme de la nature.

J'ai toujours aimé passer du temps dans mon jardin. Il y a quelque chose dans le fait d'être entouré par la nature et toute la **beauté qu'**elle a à offrir. Je trouve que c'est un endroit très paisible et apaisant. Je passe souvent du temps dans mon jardin à me détendre et à profiter du paysage. J'aime aussi travailler dans mon jardin et faire pousser des choses. J'ai un jardin d'assez bonne taille et j'aime y faire pousser toutes **sortes** de choses. Je fais pousser des fleurs, des **légumes** et des herbes aromatiques. J'ai aussi quelques arbres fruitiers qui produisent de délicieuses pommes, poires et prunes. En plus de faire pousser des choses, j'aime aussi passer du temps à me promener dans mon jardin,

Ráda pozoruji poletující ptáky a poslouchám jejich zpěv. Někdy si dokonce vytáhnu knihu a čtu si na zahradě, zatímco jsem obklopena vší tou krásou, kterou jsem vytvořila. **Zahradničení** je moje vášeň a přináší mi tolik radosti. Každý den na mé zahradě je dobrý den.

Jednou z věcí, které ráda dělám, je vaření, takže dobře zásobená bylinková zahrádka je pro mě velmi **důležitá.** Tymián, bazalka, oregano, rozmarýn, šalvěj a levandule jsou jen některé z bylinek, které ráda pěstuju na zahradě, abych je mohla používat při přípravě jídel pro sebe nebo pro **hosty**. Další věc, která je pro mě v zahradě důležitá, je zajistit, aby byla zahrada pestrá. Abych tohoto cíle dosáhla, pěstuju nejrůznější květiny, včetně **růží**, lilií, sedmikrásek, tulipánů, impatiens, měsíčků atd. Kromě toho, že květy dodávají zahradě barvy, ráda jí také dodávám zajímavost použitím různých **textur.** Mohu například vysadit kapradiny pod vzrostlé slunečnice nebo hosty **vedle** ostnatých okrasných trav. Ať už se v životě děje cokoli, práce na zahradě mi vždy pomůže cítit se více spojená s přírodou a v klidu sama se sebou.

à **admirer** toutes les plantes et tous les animaux qui y vivent. J'ai passé de nombreuses heures au fil des ans à faire de mon **jardin** un endroit non seulement beau mais aussi fonctionnel. J'aime regarder les oiseaux voltiger et les écouter chanter. Parfois, je sors même un livre et je lis dans le jardin, entourée de toute la beauté que j'ai créée. Le **jardinage** est ma passion et il m'apporte tant de joie. Chaque jour dans mon jardin est un bon jour.

L'une des choses que j'aime faire, c'est cuisiner. Il est donc très **important pour moi d'**avoir un jardin d'herbes aromatiques bien garni. Le thym, le basilic, l'origan, le romarin, la sauge et la lavande sont quelques-unes des herbes que j'aime faire pousser dans mon jardin pour pouvoir les utiliser lorsque je prépare des repas pour moi ou pour mes **invités**. Une autre chose qui est importante pour moi quand il s'agit de mon jardin, c'est de m'assurer qu'il y a beaucoup de couleurs dans tout le jardin. Pour atteindre cet objectif, je cultive une grande variété de fleurs, notamment des **roses**, des lys, des marguerites, des tulipes, des impatiens, des soucis, etc. En plus d'ajouter de la couleur avec les fleurs, j'aime aussi ajouter de l'intérêt en utilisant différentes **textures** dans le jardin. Par exemple, je peux planter des fougères sous des tournesols imposants ou des hostas à **côté de** graminées ornementales hérissées.

Otázky s porozuměním

1. Kde se nachází autorova zahrada?

2. Kolik kuřat má autor?

3. Co dělá autor na zahradě každý den?

4. Proč se autorovi líbí zahrada?

5. Jaké byliny autorka na zahradě pěstuje?

6. Proč je pro autora důležité, že je v jeho zahradě mnoho barev?

7. Jak autor zpestřuje svou zahradu?

8. Jak se autor cítí, když pracuje na své zahradě?

9. Co způsobuje, že se autor cítí propojen, když je na své zahradě?

10. Proč je každý den v autorově zahradě dobrým dnem?

Questions de compréhension

1. Où se trouve le jardin de l'auteur ?

2. Combien de poulets l'auteur possède-t-il ?

3. Que fait l'auteur dans le jardin tous les jours ?

4. Pourquoi l'auteur aime-t-il le jardin ?

5. Quelles herbes l'auteur plante-t-il dans le jardin ?

6. Pourquoi est-il important pour l'auteur qu'il y ait beaucoup de couleurs dans son jardin ?

7. Comment l'auteur apporte-t-il de la variété à son jardin?

8. Que ressent l'auteur lorsqu'il travaille dans son jardin?

9. Qu'est-ce qui fait que l'auteur se sent connecté quand il est dans son jardin ?

10. Pourquoi chaque jour dans le jardin de l'auteur est-il un bon jour ?

Nakupování

Ráda chodím **nakupovat do** obchodního centra. Je to vždycky taková zábava procházet se a prohlížet si různé obchody. V obchodním centru si každý najde něco pro sebe a vždycky se tam dají najít výhodné nabídky oblečení, bot a doplňků. **Obvykle** začínám nákupní cestu tím, že projdu hlavním **vchodem do** nákupního centra. Odtud zamířím nejprve do svých oblíbených obchodů. Po prohlédnutí těchto obchodů se projdu po okolí a zjistím, zda na jiných místech neprobíhají nějaké výprodeje. Obvykle nakonec strávím v nákupním centru několik hodin, než konečně nakoupím. Při nakupování si vždycky ráda dávám na čas, **protože si** chci být jistá, že si koupím **přesně** to, co chci. Navíc je to tak prostě větší zábava!

Vždycky mě **fascinuje** pozorovat lidi, když jsem v nákupním centru. Podle toho, jak člověk nakupuje, se toho o něm dá hodně poznat. Někteří lidé jsou velmi metodičtí a nikam nespěchají, zatímco jiní jako by jen popadli, **co se** dá, a co nejrychleji zamířili k pokladně. Jsou i tací nakupující, kteří se zdají být více zaujati telefonováním nebo psaním SMS zpráv než skutečným prohlížením zboží! Bez ohledu na to, jaký typ nakupujícího jste, se zdá, že si každý užívá nakupování ve výloze - i když si vlastně nic nekoupí. Je prostě něco,

Faire du shopping

J'adore aller **faire du shopping** au centre commercial. C'est toujours très amusant de se promener et de regarder tous les différents magasins. Il y en a pour tous les goûts au centre commercial et c'est toujours l'endroit idéal pour faire des affaires sur les vêtements, les chaussures et les accessoires. Je commence **généralement** mon shopping en passant par l'**entrée** principale du centre commercial. De là, je me dirige d'abord vers mes magasins préférés. Après avoir fait le tour de ces magasins, je me promène pour voir s'il y a des soldes dans d'autres endroits. Je finis généralement par passer quelques heures dans le centre commercial avant de faire mes achats. J'aime toujours prendre mon temps lorsque je fais du shopping, **car** je veux être sûre d'obtenir **exactement** ce que je veux. En plus, c'est plus amusant comme ça !

Je trouve toujours **fascinant** d'observer les gens quand je suis au centre commercial. On peut vraiment en apprendre beaucoup sur une personne par sa façon de faire ses courses. Certaines personnes sont très méthodiques et prennent leur temps, tandis que d'autres semblent prendre **tout ce qu'**elles peuvent et se diriger vers la caisse aussi vite que possible. Il y a aussi les acheteurs qui semblent plus intéressés

co mi dělá radost, když se dívám na všechny ty krásné věci ve **výlohách.** Někdy si představuji, jaké by to bylo, kdybych si mohla dovolit **všechno, co** vidím! Celkově je den strávený nakupováním v obchodním centru jednou z mých nejoblíbenějších zábav. Je to skvělý způsob, jak si odpočinout a uvolnit se, a zároveň si trochu zacvičit (pokud se dostatečně projdete). Navíc je **vždycky** příjemné si čas od času dopřát nové tričko nebo boty!

Měla jsem za sebou **dlouhý** den v práci a konečně jsem měla trochu času pro sebe, tak jsem se rozhodla jít nakupovat do obchoďáku. Potřebovala jsem nějaké nové oblečení na **nadcházející** sezónu. Jakmile jsem vešla dovnitř, uviděla jsem všechna ta jasná světla a nablýskané výlohy. Nejdřív jsem zamířila do svého oblíbeného obchodu a začala si prohlížet regály. Našla jsem si několik hezkých topů a vyzkoušela si je v šatně. Když jsem se na sebe dívala do zrcadla, uslyšela jsem, jak někdo přichází do vedlejší šatny. V hlase jsem poznala jednoho ze svých kolegů. Pozdravily jsme se a začaly si povídat o práci.

à parler au téléphone portable ou à envoyer des SMS qu'à regarder la marchandise ! Quel que soit le type d'acheteur, tout le monde semble apprécier le lèche-vitrine, même si vous n'achetez rien. Il y a quelque chose qui me rend heureuse dans le fait de regarder toutes ces jolies choses dans les **vitrines des magasins**. Parfois, je m'imagine comment ce serait si je pouvais m'offrir **tout ce que** je vois ! En fin de compte, passer une journée à faire du shopping au centre commercial est l'un de mes passe-temps favoris. C'est un excellent moyen de se détendre et de se relaxer tout en faisant un peu d'exercice (si vous marchez suffisamment). Et puis, c'est **toujours** agréable de s'offrir une nouvelle chemise ou une nouvelle paire de chaussures de temps en temps !

J'ai eu une **longue** journée de travail et j'ai enfin eu du temps pour moi, alors j'ai décidé d'aller faire du shopping au centre commercial. J'avais besoin de nouveaux vêtements pour la saison **à venir**. Dès que je suis entrée, j'ai vu toutes les lumières vives et les façades brillantes des magasins. Je me suis dirigée vers mon magasin préféré en premier et j'ai commencé à parcourir les rayons. J'ai trouvé quelques jolis hauts et les ai essayés dans la cabine d'essayage. Alors que je me regardais dans le miroir, j'ai entendu quelqu'un entrer dans la cabine d'**essayage** à côté de la mienne. J'ai reconnu sa voix comme étant celle d'un de mes collègues de travail.

Otázky s porozuměním

1. Kde skladujete nejraději?

2. Jaký je váš oblíbený obchod v nákupním centru?

3. Jak dlouho se obvykle zdržujete v nákupním centru?

4. Co si myslíte o lidech, kteří tráví hodně času v nákupním centru?

5. Co nejraději děláte v nákupním centru?

6. Koupili jste si někdy v obchodě něco, co jste ve skutečnosti nepotřebovali?

7. Jak reagujete, když v obchodním centru vidíte něco, co by se vám opravdu líbilo, ale je to příliš drahé?

8. Viděli jste někdy něco v obchodním centru a přemýšleli jste, kdo by si to koupil?

9. Jaký je váš názor na lidi, kteří se v obchodním centru věnují mobilním telefonům, místo aby si prohlíželi obchody?

Questions de compréhension

1. Où aimez-vous le plus stocker ?

2. Quel est votre magasin préféré dans le centre commercial ?

3. Combien de temps restez-vous habituellement au centre commercial ?

4. Que pensez-vous des personnes qui passent beaucoup de temps au centre commercial ?

5. Quelle est votre activité préférée au centre commercial ?

6. Avez-vous déjà acheté quelque chose au centre commercial alors que vous n'en aviez pas vraiment besoin ?

7. Comment réagissez-vous lorsque vous voyez au centre commercial un article que vous aimeriez vraiment, mais qui est trop cher ?

8. Avez-vous déjà vu quelque chose au centre commercial en vous demandant qui l'achèterait ?

9. Que pensez-vous des personnes qui sont occupées avec leur téléphone portable dans les centres commerciaux au lieu de regarder les magasins ?

Na trhu

V sobotu ráno vstávám brzy a chci se dostat na **trh** dřív, než tam bude příliš mnoho lidí. Hodím na sebe nějaké oblečení a vyrazím ze dveří, cestou si vezmu tašky na opakované použití. Během chůze začínám plánovat, co chci na příští týden uvařit. Vím, že chci alespoň jednou **upéct** zeleninu, takže budu muset koupit nějakou kvalitní zeleninu. Chci také uvařit polévku nebo guláš, takže budu muset sehnat i nějaké maso. Musím se podívat, co vypadá dobře, až tam dorazím. Trh je jen pár bloků odtud a já už vidím rozestavěné stánky a **lidi, kteří** se tam mísí.

Přijdu na trh a zamířím rovnou ke stánku se zeleninou. Výběr je nádherný a já si plním tašky nejrůznějšími **čerstvými** produkty. Chvíli si povídám s farmářem a on mi doporučí několik receptů. Těším se, až je vyzkouším. Během nakupování si povídám s **farmáři a poznávám** je i jejich produkty. Když mám všechnu zeleninu, kterou potřebuji, přecházím do oddělení masa. Tady jsem trochu váhavější, protože si nejsem jistá, co chci koupit. Nakonec se rozhodnu pro kuřecí maso, protože je univerzální a dá se použít do různých pokrmů. Kupuji také několik různých kusů masa, přičemž dbám na to, aby bylo hovězí maso krmené trávou a **kuřecí maso z** volného chovu. Řezník byl přátelský muž, vždy veselý,

Au marché

Je me réveille tôt le samedi matin, impatiente de me rendre au **marché** avant qu'il ne soit trop fréquenté. Je m'habille et je sors, en prenant mes sacs réutilisables en chemin. En marchant, je commence à planifier ce que je veux faire pour la semaine à venir. Je sais que je veux faire **rôtir des** légumes au moins une fois, donc je vais devoir acheter des légumes de bonne qualité. Je veux aussi faire une soupe ou un ragoût, et je vais donc devoir acheter de la viande. Je verrai bien ce qui me semble bon quand je serai sur place. Le marché n'est qu'à quelques rues d'ici, et je vois déjà les étals installés et les **gens qui** s'agitent.

J'arrive au marché et me dirige directement vers le stand des légumes. La sélection est magnifique, et je remplis mes sacs d'une variété de produits **frais**. Je discute un peu avec le fermier et il me recommande quelques recettes. J'ai hâte de les essayer. Je discute avec les **agriculteurs** pendant que je fais mes courses, pour apprendre à les connaître et à connaître leurs produits. Après avoir acheté tous les légumes dont j'ai besoin, je passe à la section des viandes. Je suis un peu plus hésitante, car je ne suis pas sûre de ce que je veux acheter. J'opte finalement pour du poulet, car il est polyvalent et peut être utilisé dans de nombreux plats. J'achète également quelques morceaux de

přestože pracoval dlouho. Zabalil mi kuřecí prsa a steak a pak si se mnou povídal o svých víkendových plánech. Rozloučil jsem se s ním a pokračoval v cestě. V mléčném oddělení jsem si ještě vzal vajíčka a sýr.

Na trhu se to hemžilo lidmi, kteří se nemohli **dočkat**, až si budou moci koupit čerstvé produkty a maso, které se zde nabízely. Vzduch byl prosycen vůní česneku a cibule, ozýval se smích a konverzace. Prodíral jsem se davem a vybíral další zboží, které jsem potřeboval na týdenní nákup. Než jsem zamířila k pokladně, naplnila jsem **košík** ovocem a zeleninou, těstovinami a chlebem. Fronta byla dlouhá, ale šla rychle. Nakonec jsem nakoupila poslední **potraviny** a byl čas jít domů. Auto bylo naložené a cesta domů byla dlouhá a únavná. Provoz byl hustý a horko úmorné. Konečně auto vjelo na příjezdovou cestu a úleva byla přímo hmatatelná. V domě byl chládek a klid a po **shonu na** trhu to bylo útočiště. Všechno bylo uklizeno a v domě byl brzy zase obvyklý klid a ticho. Měla jsem vše, co jsem potřebovala, abych mohla připravit **chutné** jídlo pro sebe i pro svou rodinu. Bylo dobré být doma.

viande différents, en veillant à prendre du bœuf nourri
à l'herbe et du **poulet** élevé en plein air. Le boucher
est un homme sympathique, toujours de bonne humeur
malgré ses longues heures de travail. Il a emballé mes
blancs de poulet et mon steak avant de me parler de
ses projets pour le week-end. Je lui ai dit au revoir et j'ai
continué mon chemin. J'ai également acheté des œufs
et du fromage au rayon produits laitiers.

Le marché grouille de gens, tous impatients de mettre
la **main sur les** produits frais et la viande proposés.
L'odeur de l'ail et des oignons flottait dans l'air, et le son
des rires et des conversations était omniprésent. Je me
suis frayé un chemin dans la foule, en choisissant les
autres articles dont j'avais besoin pour mes courses
de la semaine. J'ai rempli mon **panier** de fruits et
légumes, de pâtes et de pain, avant de me diriger vers
la caisse. La file d'attente est longue, mais elle avance
rapidement. Enfin, j'ai acheté les dernières **provisions
et il est** temps de rentrer à la maison. La voiture est
chargée, et le chemin du retour est long et fastidieux.
La circulation est dense et la chaleur est accablante.
Enfin, la voiture se gare dans l'allée et le soulagement
est palpable. La maison était fraîche et calme, et c'était
un havre de paix après l'**agitation** du marché. Tout
a été rangé, et la maison a rapidement retrouvé sa
tranquillité habituelle. J'avais tout ce dont j'avais besoin
pour préparer de **délicieux** repas pour moi et pour ma
famille. C'était bon d'être chez soi.

Otázky s porozuměním

1. Kam se osoba chystá?

2. Co si chce dotyčný koupit?

3. Kolik tašek má daná osoba?

4. Jak daleko je trh?

5. Co tato osoba právě dělá?

6. Co všechno je na trhu?

7. Kolik lidí je na trhu?

8. Jak dlouho trvalo, než si člověk všechno koupil?

9. Jak se osoba vrátila domů?

10. Co dělal, když se vrátil domů?

Questions de compréhension

1. Où va la personne ?

2. Que veut acheter la personne ?

3. Combien de sacs la personne possède-t-elle ?

4. A quelle distance se trouve le marché ?

5. Que fait la personne en ce moment ?

6. Que se passe-t-il sur le marché ?

7. Combien y a-t-il de personnes sur le marché ?

8. Combien de temps a-t-il fallu à la personne pour tout acheter ?

9. Comment la personne est-elle rentrée chez elle ?

10. Qu'a fait la personne en rentrant chez elle ?

V kavárně

Bylo sychravé **podzimní** ráno a já jsem si domluvila schůzku s kamarádkou Lily v naší oblíbené kavárně na kávu. Zabalila jsem se do teplého kabátu a šály a vyrazila. Ze stromů padalo listí a vzduch byl štiplavý, ale svítilo slunce a slibovalo krásný den. Během chůze jsem **přemýšlela** o tom, jak je dobré mít kamarádku, jako je Lily. Přátelily jsme se už léta, od té doby, co jsme se potkaly na **univerzitě**. Spojovala nás láska ke kávě a trávení času povídáním v kavárnách. I když jsme teď bydlely každá v jiné části města, stále jsme se jednou týdně scházely na kávu. Přišla jsem do kavárny a Lily už tam na mě čekala. Objaly jsme se na pozdrav a pak si objednaly kávu. Našly jsme si stůl u okna a usadily se, abychom si povídaly. **Káva** byla jako vždy výborná a bylo příjemné si s Lily popovídat. Povídaly jsme si o našem týdnu, o naší práci a o našich plánech do budoucna. S Lily se mi vždycky mluvilo tak snadno a měla jsem pocit, že jí můžu říct cokoli. Po chvíli jsme začaly mít hlad a **rozhodly jsme se** objednat si nějaké jídlo.

Objednali jsme si jídlo a našli si místo u okna. Oknem svítilo slunce a vše bylo teplé a veselé. Při jídle jsme si povídali a užívali si prosté potěšení ze vzájemné **společnosti**. V kavárně bylo rušno, ale nepřipadalo mi,

Dans un café

C'était un matin d'**automne** frisquet, et j'avais
donné rendez-vous à mon amie Lily dans notre café
préféré pour prendre un café. Je me suis enveloppée
chaudement dans mon manteau et mon écharpe et
je suis partie. Les feuilles tombaient des arbres et
l'air était glacial, mais le soleil brillait et la journée
promettait d'être magnifique. Tout en marchant, j'ai
pensé à quel point c'était bien d'avoir une amie comme
Lily. Nous étions amies depuis des années, depuis
notre rencontre à l'**université**. Nous nous sommes
liées par notre amour du café et du temps passé à
discuter dans les cafés. Même si nous vivions dans des
quartiers différents de la ville, nous nous retrouvions
pour prendre un café une fois par semaine. Je suis
arrivé au café, et Lily était déjà là, à m'attendre. Nous
nous sommes embrassées et avons commandé nos
cafés. Nous avons trouvé une table près de la fenêtre
et nous nous sommes installées pour discuter. Le **café**
était délicieux, comme toujours, et c'était si agréable
de rattraper le temps perdu avec Lily. Nous avons parlé
de notre semaine, de nos emplois et de nos projets
pour l'avenir. C'était toujours si facile de parler à Lily, et
j'avais l'impression que je pouvais tout lui dire. Après un
moment, nous avons commencé à avoir faim et **avons
décidé** de commander de la nourriture.

že by tam bylo přeplněno. Ve vzduchu byl cítit klid a spokojenost. Když jsme dojedli, ještě chvíli jsme seděli a užívali si klidnou **atmosféru**. Chvíli jsme si povídali o různých věcech, které se nám v životě přihodily. Bylo příjemné si s kamarádkou popovídat a **odpočinout si**. Oknem svítilo slunce a zdálo se, že náš dokonalý den **nemůže nic** zkazit.

Najednou jsem uslyšel hlasitou ránu. Otočil jsem se a uviděl, že stropem propadl nějaký muž a leží před námi na podlaze. Byl **pokrytý** prachem a troskami a vypadal, že je v bezvědomí. Oba jsme s kamarádem byli v šoku, když jsme zírali na muže ležícího na podlaze. Nevěděli jsme, co máme dělat nebo koho zavolat o pomoc. Jen jsme tam tak seděli, zírali na něj a nevěděli, co dělat. Po několika minutách jsem se vzpamatovala a zavolala na tísňovou linku. Operátorka mi řekla, že tam brzy někdo bude. Položila jsem telefon a řekla kamarádce, co jí **operátorka** řekla.

Nous avons **commandé notre** nourriture et trouvé un siège près de la fenêtre. Le soleil brillait à travers la fenêtre, rendant le tout chaleureux et joyeux. Nous avons bavardé en mangeant, appréciant le simple plaisir d'être en **compagnie de l'autre**. Le café était occupé, mais il n'y avait pas de foule. Il y avait un sentiment de paix et de satisfaction dans l'air. Après avoir terminé notre repas, nous sommes restés assis un moment de plus, profitant de l'**atmosphère** paisible. Nous avons parlé pendant un moment de différentes choses qui avaient eu lieu dans nos vies. C'était si agréable de rattraper le temps perdu avec mon ami et de **se détendre**. Le soleil brillait à travers la fenêtre, et c'était comme si **rien ne** pouvait gâcher notre journée parfaite.

Soudain, j'ai entendu un grand fracas. Je me suis retourné pour voir qu'un homme avait traversé le plafond et gisait sur le sol devant nous. Il était **couvert** de poussière et de débris et semblait être inconscient. Mon ami et moi étions tous deux sous le choc en regardant l'homme allongé sur le sol. Nous ne savions pas quoi faire ni qui appeler à l'aide. Nous sommes restés assis là, à le regarder, sans savoir quoi faire. Après quelques minutes, je me suis ressaisie et j'ai appelé le 911. L'opérateur m'a dit que quelqu'un arriverait bientôt. J'ai raccroché le téléphone et j'ai raconté à mon ami ce que l'**opérateur avait** dit.

Otázky s porozuměním

1. Odkud se vzal muž, který propadl střechou?

2. Proč je žena se svým přítelem v kavárně?

3. Jaká je oblíbená kavárna obou přátel?

4. Jak dlouho se oba přátelé znají?

5. Jaký je oblíbený nápoj obou přátel?

6. Ve kterém městě žijí tito dva přátelé?

7. Jak často se tito dva přátelé setkávají?

8. O čem si oba přátelé povídají, když se poprvé setkají ve své oblíbené kavárně?

9. Jaké je oblíbené jídlo obou přátel?

10. Proč je tak snadné mluvit s Lily?

Questions de compréhension

1. D'où vient l'homme qui tombe à travers le toit ?

2. Pourquoi la femme est-elle avec son ami dans le café ?

3. Quel est le café préféré des deux amis ?

4. Depuis combien de temps les deux amis se connaissent-ils ?

5. Quelle est la boisson préférée des deux amis ?

6. Dans quelle ville vivent les deux amis ?

7. Combien de fois les deux amis se rencontrent-ils ?

8. De quoi parlent les deux amis lorsqu'ils se rencontrent pour la première fois dans leur café préféré ?

9. Quel est le plat préféré des deux amis ?

10. Pourquoi c'est si facile de parler à Lily ?

Plavání

Bazén byl vždy **osvěžujícím** místem a dnes tomu nebylo jinak. Sluníčko svítilo a voda vypadala lákavě. Zhluboka jsem se nadechla, ponořila se a ucítila chladivou náruč vody. Chvíli jsem plavala kolečka, užívala si pohybu a možnosti vyčistit si hlavu. Po chvíli jsem vylezla, osušila se a posadila se na ručník, abych si odpočinula na slunci. Zavřela jsem oči, nechala se unášet **teplem a** cítila, jak se mi uvolňují svaly. Najednou jsem uslyšela šplouchnutí a otevřela oči, abych viděla svou malou sestru, jak **pádluje na** mělčině. Usmála jsem se a chvíli ji pozorovala, pak jsem vstala a šla k ní. Chvíli jsme si povídaly, pádlovaly jsme spolu a užívaly si vzájemné společnosti. Brzy se k nám přidali rodiče a zbytek odpoledne jsme strávili společným plaváním a hraním her. Bylo vždycky moc příjemné trávit čas s rodinou u bazénu. Zdá se, že pobyt ve vodě lidi sbližuje. Možná je to tím, že když jsme ve vodě, jsme si všichni rovni - nemůžeme skrývat své nedostatky nebo předstírat, že jsme něco jiného. Nebo je to prostě proto, že je to zábava! **Ať už je** důvod **jakýkoli**, byla jsem prostě ráda, že jsme se mohli všichni sejít a užít si vzájemnou společnost na tak výjimečném místě.

Slunce mi pražilo do kůže a ve vzduchu byl cítit

Aller nager

La piscine était toujours un endroit **rafraîchissant**, et aujourd'hui n'était pas différent. Le soleil brillait et l'eau semblait invitante. J'ai pris une profonde inspiration et j'ai plongé, sentant l'étreinte fraîche de l'eau. J'ai fait des longueurs pendant un moment, appréciant l'exercice et la possibilité de me vider la tête. Au bout d'un moment, je suis sorti et me suis séché, puis je me suis assis sur une serviette pour me détendre au soleil. J'ai fermé les yeux et laissé la **chaleur** m'envahir, sentant mes muscles se détendre. Soudain, j'ai entendu une éclaboussure et j'ai ouvert les yeux pour voir ma petite sœur **pagayer dans la** partie peu profonde. J'ai souri et je l'ai regardée pendant un moment, puis je me suis levée et je suis allée vers elle. Nous avons bavardé un peu et pataugé ensemble, appréciant la compagnie de l'autre. Nos parents nous ont bientôt rejoints et nous avons passé le reste de l'après-midi à nager et à jouer ensemble. C'était toujours très agréable de passer du temps avec la famille à la piscine. Il y a **quelque chose** dans le fait d'être dans l'eau qui semble rassembler les gens. Peut-être est-ce parce que nous sommes tous égaux lorsque nous sommes dans l'eau - nous ne pouvons pas cacher nos défauts ou prétendre être ce que nous ne sommes pas. Ou peut-être est-ce simplement parce que c'est amusant ! **Quelle que soit la** raison, j'étais simplement heureuse que nous

chlor. Slyšela jsem zvuky dětského smíchu a cákání v bazénu. Ležela jsem na lehátku vedle bazénu, opalovala se a **užívala si** den. Měla jsem zavřené oči a právě jsem se chystala usnout, když jsem uslyšela, jak ke mně někdo přichází. Otevřel jsem oči a uviděl vedle sebe stát ženu. Měla na sobě bikiny a kolem pasu omotaný ručník. Měla dlouhé blond vlasy a modré oči. V ruce držela lahvičku s **opalovacím krémem.** "Nevadilo by ti, kdybych ti namazala záda opalovacím krémem?" zeptala se mě. "Ne, to je v pořádku," řekl jsem a posadil se, aby mi dosáhla na záda. Cítil jsem její ruce na své kůži, když mi nanášela opalovací krém.

Její dotek byl jemný a vůně opalovacího krému uklidňující. Znovu jsem zavřel oči a nechal se uvolnit. Slyšel jsem, **jak** se pohybuje, ale oči jsem neotevřel. Spokojeně jsem ležel na slunci a poslouchal zvuk vln **narážejících** na břeh. Po několika minutách odešla a já otevřel oči. Sledoval jsem ji, jak se vrací ke svému lehátku a bere si knihu.

puissions tous nous réunir et profiter de la compagnie des autres dans un endroit aussi spécial.

Le soleil tapait sur ma peau et l'odeur du chlore flottait dans l'air. J'entendais le bruit des enfants qui riaient et barbotaient dans la piscine. J'étais allongée sur une chaise **longue près de la** piscine, profitant du soleil et **de la** journée. J'avais les yeux fermés et j'étais sur le point de m'endormir lorsque j'ai entendu quelqu'un s'approcher de moi. J'ai ouvert les yeux et j'ai vu une femme debout à côté de moi. Elle portait un bikini et avait une serviette enroulée autour de sa taille. Elle avait de longs cheveux blonds et des yeux bleus. Elle tenait une bouteille de **crème solaire** dans sa main. "Ça te dérange si je mets de la crème solaire sur ton dos ?" a-t-elle demandé. "Non, ça va", ai-je répondu, en me redressant pour qu'elle puisse atteindre mon dos. J'ai senti ses mains sur ma peau alors qu'elle appliquait la crème solaire.

Son toucher était doux et l'odeur de la crème solaire était apaisante. J'ai fermé les yeux à nouveau et me suis laissé aller à la détente. Je pouvais entendre le **bruit** de ses mouvements, mais je n'ai pas ouvert les yeux. Je me contentais de rester allongé au soleil, en écoutant le bruit des vagues qui **s'écrasaient** sur le rivage. Après quelques minutes, elle s'est éloignée, et j'ai ouvert les yeux. Je l'ai regardée retourner vers sa chaise longue et prendre son livre.

Otázky s porozuměním

1. Kde byl vypravěč na začátku příběhu?

2. Co cítí vypravěč, když otevře oči?

3. Co slyší vypravěč, když otevře oči?

4. Čí opalovací krém dává žena vypravěči?

5. O čem vypravěč sní?

6. Proč je pro vypravěče koupání v moři tak zvláštní?

7.Jaký je pocit z vody, ve které vypravěč plave?

8. Co vidí vypravěč, když vyleze z vody?

9. Co udělá žena poté, co na vypravěče nanese opalovací krém?

10. O čem si vypravěč a žena povídají na konci příběhu?

Questions de compréhension

1. Où se trouvait le narrateur lorsqu'il a commencé l'histoire ?

2. Que sent le narrateur lorsqu'il ouvre les yeux ?

3. Qu'entend le narrateur lorsqu'il ouvre les yeux ?

4. A qui la femme donne-t-elle de la crème solaire au narrateur ?

5. De quoi le narrateur rêve-t-il ?

6. Pourquoi la baignade dans la mer est-elle si spéciale pour le narrateur ?

7. quelle est la sensation de l'eau dans laquelle nage le narrateur ?

8. Que voit le narrateur quand il sort de l'eau ?

9. Que fait la femme après avoir mis la crème solaire sur le narrateur ?

10. De quoi le narrateur et la femme parlent-ils à la fin de l'histoire ?

Sekání trávníku

Je deset hodin dopoledne v letní **sobotu** a slunce už nemilosrdně praží. Vydáte se do garáže pro sekačku a máte pocit, že jste **odsouzeni k** těžké práci. Začneš sekat trávník a dáváš pozor, abys jel pomalu a nevynechal žádné místo. Při sekání myslíš na to, jak je příjemné být venku na čerstvém vzduchu. Když začnete sekačku tlačit po trávníku sem a tam, koutkem **oka** zahlédnete souseda. Zamáváte mu a pozdravíte a on vám mávnutí oplatí.

Po pár minutách jste hotovi a jdete k sousedovi na pivo na zahrádku. Je **perfektní** den - není příliš horko a fouká mírný vánek. Sedíte ve stínu stromu, popíjíte pivo a povídáte si se sousedem. Díky takovým dnům si člověk léta váží. Pak **se vydáte** dovnitř na zasloužené pivo. Rozvalíte se na židli na verandě, otevřete plechovku a spokojeně si povzdechnete. Zvuk sekačky ustupuje do pozadí, zatímco vy odpočíváte ve stínu a užíváte si **klidné** chvíle. Pivo chutná po té dřině v horku mimořádně dobře. Už jsem se chystal jít dovnitř, když jsem vedle zaslechl hluk.

Znělo to, jako by někdo plakal. Přestal jsem sekat a přistoupil k plotu, který odděloval naše dvory. Nahlédl jsem přes něj a uviděl sousedku, paní Johnsonovou,

Tonte de la pelouse

Il est 10 heures du matin, un **samedi d'**été, et le soleil tape déjà sans pitié. Vous vous frayez un chemin jusqu'au garage pour aller chercher la tondeuse à gazon, avec l'impression d'être **condamné** aux travaux forcés. Vous commencez à tondre la pelouse, en veillant à aller doucement pour ne pas manquer d'endroits. Pendant que vous tondez, vous pensez à tout le bien que cela fait d'être dehors à l'air frais. Alors que vous commencez à pousser la tondeuse d'avant en arrière sur la pelouse, vous apercevez votre voisin du coin de l'œil. Vous lui faites signe et lui dites bonjour, et il vous répond.

Après quelques minutes, vous avez terminé, et vous vous rendez chez votre voisin pour prendre une bière avec lui dans le jardin de devant. C'est une journée **parfaite**, il ne fait pas trop chaud et une légère brise souffle. Vous êtes assis à l'ombre de l'arbre, sirotant votre bière et discutant avec votre voisin. Ce sont des jours comme celui-ci qui vous font apprécier l'été. Puis vous rentrez à l'intérieur pour prendre une bière bien méritée. Vous vous installez sur une chaise sous le porche et ouvrez la canette, en poussant un soupir de satisfaction. Le bruit de la tondeuse s'estompe et vous vous détendez à l'ombre, profitant de la **tranquillité**

jak pláče na houpačce na verandě. Zavolal jsem na ni, ale neslyšela mě. Přelezl jsem plot a došel k ní. "Paní Johnsonová, jste v pořádku?" Zeptal jsem se. Podívala se na mě se slzami v očích a zavrtěla hlavou. "Ne, nejsem v pořádku," řekla. "Včera mi umřela kočka." Byla jsem v šoku. Nevěděla jsem, co na to říct. Jen jsem tam rozpačitě stála a nevěděla, co mám dělat. Nakonec jsem jí položil ruku na **rameno** a řekl: "Je mi to moc líto, paní Johnsonová. Pokud vám mohu nějak pomoci, dejte mi prosím vědět. " Zavrtěla hlavou a řekla: "Ne, nikdo pro mě **nemůže nic** udělat." "Ne," odpověděl jsem. Pak vstala a odešla do svého domu. Chvíli jsem tam stál a nevěděl, co mám dělat. Pak jsem se vrátil k sekání trávníku. Když jsem skončil, nemohl jsem si pomoct a vzpomněl jsem si na paní Johnsonovou a její kočku.

du moment. La bière a un goût extra bon après tout ce dur travail dans la chaleur. J'étais sur le point de rentrer quand j'ai entendu un bruit à côté.

On aurait dit que quelqu'un pleurait. J'ai arrêté de tondre et j'ai marché jusqu'à la clôture qui séparait nos jardins. J'ai jeté un coup d'œil par-dessus et j'ai vu ma voisine, Mme Johnson, pleurer sur sa balançoire sous le porche. Je l'ai appelée, mais elle ne m'a pas entendue. J'ai escaladé la clôture et j'ai marché jusqu'à elle. "Mme Johnson, vous allez bien ?" J'ai demandé. Elle a levé les yeux vers moi, les larmes aux yeux, et a secoué la tête. "Non, je ne vais pas bien", a-t-elle dit. "Mon chat est mort hier." J'étais choquée. Je n'ai pas su quoi dire. Je suis restée là, maladroitement, sans savoir quoi faire. Finalement, j'ai posé ma main sur son **épaule** et j'ai dit : "Je suis vraiment désolée, Mme Johnson. Si je peux faire quelque chose pour vous aider, faites-le moi savoir". "Elle a secoué la tête et a dit : "Non, il **n'y a rien que** personne ne puisse faire". Puis elle s'est levée et est entrée dans sa maison. Je suis resté là un moment, ne sachant pas quoi faire. Puis je suis retourné tondre ma pelouse. En terminant, je n'ai pu m'empêcher de penser à Mme Johnson et à son chat.

Otázky s porozuměním

1. Kolik je hodin?

2. Kde osoba seká?

3. Jak se dotyčný cítí?

4. Proč musí člověk sekat pomalu?

5. Jaké je počasí?

6. Co dělá osoba po sečení?

7. Co člověk slyší před odchodem domů?

8. Kdo je s paní Johnsonovou?

9. Proč paní Johnsonová pláče?

10. Co říká osoba paní Johnsonové?

Questions de compréhension

1. Quelle heure est-il ?

2. Où se trouve la personne qui tond ?

3. Comment la personne se sent-elle ?

4. Pourquoi la personne doit-elle tondre lentement ?

5. Quel est le temps qu'il fait ?

6. Que fait la personne après avoir fauché ?

7. Qu'entend la personne avant de rentrer chez elle ?

8. Qui est avec Mme Johnson ?

9. Pourquoi Mme Johnson pleure-t-elle ?

10. Que dit la personne à Mme Johnson ?

Stříhání

Už několik týdnů jsem se chtěla nechat ostříhat, ale vždycky jsem to nějak odložila. Ale když byly **Vánoce** za rohem, věděla jsem, že už to nemůžu odkládat. Nechtěla jsem přijít na štědrovečerní večeři s rodinou a vypadat jako zanedbaná troska. A tak jsem se brzy ráno na Štědrý den vydala do salonu. I když bylo brzy, v salonu už bylo plno lidí, kteří **si nechávali** udělat sváteční účes. Zaujala jsem místo ve frontě a čekala, až na mě přijde řada. Konečně jsem se dostala na řadu. Kadeřnice, příjemná žena jménem Jill, se mě zeptala, co chci. "Jen zastřihnout, nic drastického," odpověděla jsem. Jill se pustila do práce a ostříhala mi vlasy. Jak pracovala, začala jsem se uvolňovat. Byl to dobrý pocit, že se o sebe konečně starám. Poslední dobou jsem byla tak zaneprázdněná péčí o všechny ostatní, že jsem své vlastní potřeby nechávala stranou. Ale **teď už** ne. Odteď jsem si na sebe chtěla udělat čas.

Když Jill skončila, podívala jsem se do zrcadla a byla jsem spokojená s tím, co jsem viděla. Moje vlasy vypadaly upravené a vyleštěné - ideální na sváteční setkání. **Poděkovala** jsem Jill a poznamenala si, že se mám vracet častěji. Odteď se budu starat především o sebe. Pustila se do stříhání mých vlasů. Přemýšlela

Se faire couper les cheveux

Cela faisait des semaines que je voulais me faire couper les cheveux, mais j'arrivais toujours à remettre ça à plus tard. Mais à l'approche de **Noël, je** savais que je ne pouvais plus attendre. Je ne voulais pas me présenter au dîner de Noël de ma famille avec une coiffure débraillée. Alors, tôt le matin de Noël, je me suis rendue au salon. Même s'il était tôt, le salon était déjà occupé par d'autres personnes qui **se faisaient** coiffer pour les fêtes. J'ai pris ma place dans la file d'attente et j'ai attendu mon tour. Enfin, c'était mon tour sur la chaise. La styliste, une femme sympathique nommée Jill, m'a demandé ce que je voulais. "Juste une coupe, rien de trop radical", ai-je répondu. Jill s'est mise au travail, coupant mes cheveux. Pendant qu'elle travaillait, j'ai commencé à me détendre. C'était bon de prendre enfin soin de moi. J'avais été tellement occupé ces derniers temps, à courir partout pour m'occuper de tout le monde, que j'avais laissé mes propres besoins de côté. Mais plus **maintenant**. A partir de maintenant, j'allais prendre du temps pour moi.

Lorsque Jill a terminé, je me suis regardée dans le miroir et j'étais ravie de ce que je voyais. Mes cheveux étaient soignés et polis, parfaits pour les fêtes de fin d'année. J'ai **remercié** Jill et j'ai noté **mentalement** de

jsem o tom, jak jsem vděčná, že jsem se konečně dostala ke svému účesu. Byl to dobrý pocit vědět, že budu na štědrovečerní **večeři** vypadat reprezentativně. Už jsem se nemusela bát, že si mě rodina bude dobírat kvůli mému "zanedbanému" vzhledu. Po několika minutách mě kadeřnice ostříhala a rychle mi vyfoukala vlasy. Podívala jsem se do zrcadla a byla jsem spokojená s tím, co jsem viděla - čistě ostříhaný vzhled, který bude ideální na štědrovečerní večeři. Teď, když jsem měla účes za sebou, jsem se mohla soustředit na to, abych si užila svátky s rodinou. A za to jsem byla ještě vděčnější.

Byl to **osvobozující** pocit a líbilo se mi, jak můj nový účes vypadá. Když jsem zaplatila za účes, šla jsem domů a začala si balit na cestu. **Nemohla jsem** se dočkat, až svůj nový vzhled předvedu rodině a přátelům. Věděla jsem, že budou překvapeni, až mě uvidí. V den odletu jsem dorazila na letiště s dostatečnou časovou rezervou. Bez problémů jsem prošla bezpečnostní kontrolou a brzy jsem byla na cestě. Jakmile jsem dorazil na místo určení, cítil jsem ve vzduchu vzrušení. Vánoce byly rozhodně ve vzduchu! Na letišti mě přivítala rodina a všichni byli ohromeni mým novým účesem.

revenir plus souvent. À partir de maintenant, je prendrai soin de moi d'abord et avant tout. Elle s'est mise au travail en coupant mes cheveux. J'ai pensé à combien j'étais reconnaissante d'avoir enfin pris le temps de me faire couper les cheveux. Je me sentais bien de savoir que j'allais être présentable pour le **repas de** Noël. Je n'aurais plus à m'inquiéter des taquineries de ma famille sur mon apparence "débraillée". Après quelques minutes, le coiffeur a fini de me couper les cheveux et m'a fait un rapide brushing. Je me suis regardé dans le miroir et j'étais heureux de ce que je voyais - un look propre qui serait parfait pour le dîner de Noël. Maintenant que ma coupe de cheveux était terminée, je pouvais me concentrer sur les vacances avec ma famille. Et j'en étais encore plus reconnaissante.

Je me suis sentie tellement **libérée** et j'ai adoré le look de ma nouvelle coupe de cheveux. Après avoir payé ma coupe, je suis rentrée chez moi et j'ai commencé à faire mes bagages pour mon voyage. J'**avais hâte** de montrer mon nouveau look à ma famille et à mes amis. Je savais qu'ils seraient surpris en me voyant. Le jour de mon vol, je suis arrivée à l'aéroport avec beaucoup de temps devant moi. J'ai passé le contrôle de sécurité sans problème et j'ai rapidement pris la route. Dès que je suis arrivé à destination, j'ai senti l'excitation dans l'air. Il y avait vraiment de l'air pour Noël ! Ma famille était là pour m'accueillir à l'aéroport, et ils étaient tous étonnés de ma nouvelle coupe de cheveux.

Otázky s porozuměním

1. Co musel hlavní hrdina udělat před Vánocemi?

2. Jak se hlavní hrdinka cítila, když se o sebe starala?

3. Kdo ostříhal hlavnímu hrdinovi vlasy?

4. Proč se rodina hlavní hrdinky chystala ji škádlit?

5. Jak se hlavní hrdinka cítila po ostříhání?

6. Co udělala hlavní hrdinka poté, co se nechala ostříhat?

7. Jaká byla reakce rodiny hlavní hrdinky na její sestřih?

8. Co dělal hlavní hrdina na Štědrý den?

9. Čím byl zážitek hlavního hrdiny výjimečnější?

10. Co by se stalo, kdyby se hlavní hrdina nenechal ostříhat?

Questions de compréhension

1. Que devait faire le protagoniste avant Noël ?

2. Que pense la protagoniste du fait de prendre soin d'elle ?

3. Qui a taillé les cheveux du protagoniste ?

4. Pourquoi la famille de la protagoniste allait-elle se moquer d'elle ?

5. Qu'a ressenti la protagoniste après s'être fait couper les cheveux ?

6. Qu'a fait la protagoniste après s'être fait couper les cheveux ?

7. Quelle a été la réaction de la famille de la protagoniste à sa coupe de cheveux ?

8. Qu'a fait le protagoniste la veille de Noël ?

9. Qu'est-ce qui a rendu l'expérience du protagoniste plus spéciale ?

10. Que se passerait-il si le protagoniste ne se faisait pas couper les cheveux ?

Park

Slunce zapadalo a park byl prázdný. Seděla jsem na lavičce a čekala na svého **přítele**. Měly jsme se tu sejít už před hodinou, ale ona vždycky chodila pozdě. Když už jsem to chtěla vzdát a jít domů, uviděla jsem ji, jak ke mně běží.

"Je mi to tak líto," zaúpěla, když došla k lavičce. "Můj vlak měl **zpoždění.**"

"To je v pořádku," řekla jsem **shovívavě**. "Právě jsem sem přišel."

Chvíli jsme si sedli a povídali si, abychom se navzájem seznámili se svým životem od našeho posledního setkání. Konverzace plynula **snadno a** zdálo se, jako by od našeho posledního setkání neuplynul vůbec žádný čas. Se západem slunce jsme se rozloučili a vydali se každý svou cestou. Příště jsme se setkali v jiném parku. Opět měla zpoždění, ale mně to nevadilo. Bylo příjemné mít někoho, s kým si můžu povídat a kdo mi **rozumí.** Mluvili jsme o svých snech a **touhách, o** věcech, které bychom chtěli v životě dělat. Ona mi vyprávěla o svých plánech procestovat svět a já se podělil o svůj sen stát se spisovatelem. Když slunce zapadlo do dalšího dne, znovu jsme se rozloučili a slíbili si, že tentokrát zůstaneme v kontaktu.

Roky plynuly a naše **přátelství** zůstalo pevné, i když

Le parc

Le soleil se couchait, et le parc était vide. Je me suis assise sur un banc, attendant mon **amie**. Nous avions prévu de nous retrouver ici il y a une heure, mais elle était toujours en retard. Au moment où j'allais abandonner et rentrer chez moi, je l'ai vue courir vers moi. "Je suis vraiment désolée", a-t-elle haleté en atteignant le banc. "Mon train a été **retardé**." "C'est bon", ai-je dit **avec indulgence**. "Je viens juste d'arriver." Nous nous sommes assis et avons bavardé pendant un certain temps, prenant des nouvelles de la vie de chacun depuis notre dernière rencontre. La conversation était fluide **et nous avions** l'impression que le temps n'avait pas passé depuis notre dernière rencontre. Au coucher du soleil, nous nous sommes dit au revoir et avons pris des chemins différents. La fois suivante, c'était dans un autre parc. Encore une fois, elle était en retard, mais ça ne m'a pas dérangé. C'était agréable d'avoir quelqu'un à qui parler et qui me **comprenait**. Nous avons parlé de nos rêves et de nos **aspirations**, des choses que nous voulions faire de nos vies. Elle m'a parlé de son projet de voyager dans le monde entier, et j'ai partagé mon rêve de devenir écrivain. Alors que le soleil se couchait sur un autre jour, nous nous sommes dit au revoir une fois de plus, en promettant de rester en contact cette fois-ci.

jsme teď žili každý v jiné části země. Udržovali jsme kontakt prostřednictvím dopisů a příležitostných telefonátů a vzájemně si sdělovali novinky ze života. Když mi oznámila, že se bude vdávat, nepřekvapilo mě **to** - vždycky byla **dobrodružný** typ. Ale když se mě zeptala, jestli jí půjdu za družičku na svatebním obřadu, který se konal na druhém konci světa, než kde jsem žil... to už mě musela přesvědčovat! Nakonec jsem ale nemohla dopustit, aby se moje nejlepší kamarádka vdávala, aniž bych jí stála po boku, a tak jsem navzdory svým obavám (a po jejím dlouhém přemlouvání!) **souhlasila, že** pojedu s ní, což se nakonec ukázalo jako životní **dobrodružství.**

Konečně nastal den **svatby.** Byla jsem nervózní, ale zároveň jsem se těšila, že budu součástí tak důležitého okamžiku v životě své kamarádky. Obřad byl krásný a ona vypadala šťastně, když říkala svůj slib. **Poté** jsme to oslavili velkou party - vypadalo to, že s ní přišli slavit všichni, které znala! Byl to **kouzelný** den, na který nikdy nezapomenu, a naše přátelství se po tomto dobrodružství jen upevnilo. Teď, po letech, jsme stále v kontaktu. Od našeho prvního setkání jsme **se** obě hodně **změnily,** ale naše přátelství je stejně silné jako dřív.

Les années ont passé, et notre **amitié** est restée forte, même si nous vivions désormais dans des régions différentes du pays. Nous sommes restés en contact par des lettres et des appels téléphoniques occasionnels, partageant les nouvelles de nos vies respectives. Lorsqu'elle a annoncé qu'elle allait se marier, je n'ai pas été **surpris** - elle avait toujours été du genre **aventureux**. Mais lorsqu'elle m'a demandé si j'accepterais d'être sa demoiselle d'honneur à la cérémonie de son mariage qui se déroulait à l'autre bout du monde, loin de chez moi... il a fallu la convaincre ! En fin de compte, je ne pouvais pas laisser ma meilleure amie se marier sans moi à ses côtés, alors malgré mes craintes (et après qu'elle m'ait beaucoup suppliée !), j'ai **accepté de participer à** ce qui s'est avéré être l'**aventure** de ma vie.

Le jour du **mariage** est enfin arrivé. J'étais nerveux, mais excité de faire partie d'un moment si important dans la vie de mon amie. La cérémonie était magnifique, et elle avait l'air heureuse en prononçant ses vœux. **Ensuite,** nous avons fait une grande fête - on aurait dit que tous ses proches étaient venus célébrer avec elle ! C'était un jour **magique** que je n'oublierai jamais, et notre amitié n'a fait que se renforcer après cette aventure. Aujourd'hui, des années plus tard, nous restons toujours en contact. Nous avons toutes deux beaucoup **changé** depuis notre première rencontre, mais notre amitié est plus forte que jamais.

Otázky s porozuměním

1. Kde se autorka a její přítel poprvé setkali?

2. Proč přišel autorův přítel na schůzku pozdě?

3. O čem si přátelé povídali, když se po letech znovu setkali?

4. Jak se autorka cítila, když se účastnila svatebního obřadu své kamarádky?

5. Popište prostředí svatebního obřadu.

6. Jak se přátelství mezi oběma ženami v průběhu času změnilo?

7. Jaký je autorův sen?

8. Kam má autorův přítel v plánu cestovat?

9. Proč se autorka zdráhala zúčastnit svatebního obřadu své přítelkyně?

Questions de compréhension

1. Où l'auteur et son ami se sont-ils rencontrés pour la première fois ?

2. Pourquoi l'ami de l'auteur était-il en retard à leur réunion ?

3. De quoi les amis ont-ils parlé lorsqu'ils se sont retrouvés des années plus tard ?

4. Qu'a ressenti l'auteur en assistant à la cérémonie de mariage de son amie ?

5. Décrivez le cadre de la cérémonie de mariage.

6. Comment l'amitié entre les deux femmes a-t-elle évolué au fil du temps ?

7. Quel est le rêve de l'auteur ?

8. Où l'ami de l'auteur prévoit-il de voyager ?

9. Pourquoi l'auteur a-t-elle hésité à assister à la cérémonie de mariage de son amie ?